KB025276

청소일로
돈 벌고
있습니다

청소일로 돈 벌고 있습니다

초판 1쇄 인쇄 2022년 7월 25일
초판 1쇄 발행 2022년 8월 1일

지은이 박주혜

펴낸이 우세웅
책임편집 이현정
기획편집 한희진 김휘연
콘텐츠기획·홍보 전다솔
북디자인 이유진

종이 페이퍼프라이스㈜
인쇄 동양인쇄주식회사

펴낸곳 슬로디미디어그룹
신고번호 제25100-2017-000035호
신고년월일 2017년 6월 13일
주소 서울특별시 마포구 월드컵북로 400, 상암동 서울산업진흥원(문화콘텐츠센터)5층 22호

전화 02)493-7780 | **팩스** 0303)3442-7780
전자우편 slody925@gmail.com(원고투고·사업제휴)
홈페이지 slodymedia.modoo.at | **블로그** slodymedia.xyz
페이스북·인스타그램 slodymedia

ISBN 979-11-6785-080-5 (03190)

※ 이 책은 슬로디미디어와 저작권자의 계약에 따라 발행한 것으로 본사의 허락 없이는 무단 전재와 복제를 금하며, 이 책 내용의 전부 또는 일부를 사용하려면 반드시 저작권자와 슬로디미디어의 서면 동의를 받아야 합니다.
※ 잘못된 책은 구입하신 서점에서 교환해 드립니다.

청소일로 돈 벌고 있습니다

'청소를 제일 잘한다'는 업체로
거듭나기까지 청소업의 모든 것

박주혜 지음

SEOLREM
설렘

프롤로그

지금 나의 지인 중에 청소업에 종사하는 사람이 있는지, 혹시 없다면 나의 배우자가, 혹은 내가, 나의 부모가, 나의 자식이 청소를 한다는 가정을 해봅시다. 새로 알게 된 사람들이 직업을 묻는 질문에 아무런 망설임 없이 "나의 ○○는 청소일해요"라고 말할 수 있을까요?

드라마 〈나의 아저씨〉에서 한때 잘나가는 감독이었던 '기훈'은 지금 청소일을 하고 있고, 그의 여자친구 '유라'는 연예인입니다. 화려한 연예인과 사귀는 남자는 능력 있을 거라는 사회적 공식에 젖어 있는 사람들이 유라에게 남자친구의 직업을 물었을 때, 그녀는 머뭇거리며 대답하지 못합니다. 기훈이 옆에서 "저, 청소합니다"라고 대답했을 때, 상대방은 물어보면 안 될 것을 물어봐서 너무 죄송하다는 표정으로, 멋쩍게 "아, 네"라고 대답했고, 그의 여자친구 유라마저 "원래는 감독이었어요, 아주 잠깐 하는 일이에요"라고 답합니다.

왜 우리는 청소업이라는 직업을 대할 때 이렇게 불편해하고 스스로도 부끄러워할까요? 사회에 만연하게 퍼져 있는 직업에 대한 편견은 우리에게도 스며들었습니다.

청소업은 다른 직업 선택지가 없는 사람들이 선택하는 것이라고 생각하는 사람들이 많습니다. 제가 청소일을 시작할 때도 그런 시선은 지배적이었습니다. '배운 것도 없고, 가진 것도 없고, 남편도 돈벌이가 시원찮으니까 저런 험한 일을 할 거다'라고요. 하지만 저에게는 다른 선택지도 있었고, 가진 게 많지는 않지만 적다고 생각해본 적도 없고, 남편은 대기업에 다닙니다. 청소업은 많은 직업 중에 제 스스로 '선택'한 직업이었습니다. 편견 없는 마음으로, 한 직업에 대한 호기심으로 이 책을 읽어주셨으면 좋겠습니다.

이 책은 청소하는 사람들의 일상과 마음가짐, 그리고 청소일의 가능성과 매력, 현장에서 마주한 여러 에피소드를 엮어 일기를 쓰듯 회상하며 적은 글입니다. 한 줄 한 줄 읽어 내려가며 청소업의 현장을 글로나마 생생히 느껴볼 수 있기를 바랍니다. 마지막 장을 읽었을 때는 지금 당신이 가진 청소에 대한 생각들이 조금은 변화되어 있다면 좋겠습니다. 그리고 청소업, 혹은 소자본 창업을 하려고 마음먹은 분들께도 작은 용기가 되길 바랍니다.

마지막으로, 새로운 도전에 대한 용기와 자신감을 아주 뿌리깊이 심어주신, 언제나 사랑으로 응원해주시는 엄마, 아빠께 감사합니다. '이제 정말 그만해야 하나'라는 생각이 들 만큼 거대한 벽과 마주했을 때도 늘 곁에서 함께 걸어준 언니에게도 감사함을 전하고 싶습니다. 이 험난했던 길에서 가능성을 발견하고 새로운 길을 찾아 걸어갈 수 있었던 건 둘이라서 가능했다고 새삼 느낍니다. 엄마가 한정된 에너지와 열정을 일에 더 많이 쏟을 때도 늘 따뜻함과 넘치는 사랑을 느끼게 해준 나의 사랑하는 보물 세연이, 유진이, 은우. 그리고 나 스스로의 의심을 확신으로 만들어가기까지 힘들었던 여정에 늘 묵묵히 사랑과 응원을 보내준 영원한 영혼의 단짝, 남편에게도 지면을 빌려 감사와 사랑의 마음을 전합니다.

차례

2장 달콤쌉싸름한 청소현장 이야기

3장 블루오션으로 떠오른 청소업체

1장

나는 청소하는 사람입니다

전문 청소업체를 만나다

결혼하고 세 아이 육아에만 전념하던 내가 다시 일을 해야겠다고 마음먹었을 때 새로운 직업을 선택함에 있어 가장 중요하게 생각한 부분은 '시간과 돈'이었다. 유아교육과를 졸업해서 마음만 먹으면 집 앞 어린이집이든 유치원이든 바로 취업할 수 있었지만 난 새로운 직업을 찾기로 했다. 세 아이를 둔 나는 시간에 너무 구애를 받는 일은 피해야 했고, 시간 투자 대비 수익성이 좋은 직업을 찾아야 했다. 그러던 중 몇 년 전 입주청소를 맡겼던 일이 떠올랐다.

2011년에 나는 새 아파트 입주를 앞두고 있었다. 입주에 관련된 사항들을 점검하기 위해 아파트 입주지원센터에 가니 그

곳에서 일하는 매니저님이 새댁이 직접 청소하려면 몸살 난다며, 거기다 새 아파트는 먼지가 많아서 꼭 전문 청소업체에 청소를 맡겨야 한다면서 명함을 한 장 건네주었다.

그전까지 나는 전문 청소업체가 있다는 사실조차 몰랐다. 이사할 때는 늘 가족들이나 지인들이 함께 쓸고 닦고 하는 정도로 청소를 하고 이사를 했었으니까. 안 그래도 애들이 아직 어려서 애들 데리고 어떻게 청소하나 걱정하고 있었는데 명함을 받아 드니 게으른 마음과 허영심이 부풀어 올랐다. 남편에게는 먼지가 너무 많다는데 괜히 내가 청소했다간 문제가 생길 수도 있고 '전문' 업체니까 뭐가 달라도 다르지 않겠냐며 청소는 업체에 맡기자고 설득했다.

나는 바로 매니저님이 건네준 명함에 적힌 번호로 전화를 걸었다. 그랬더니 40~50대로 느껴지는 여자 사장님이 전화를 받았다. 파이팅이 넘치는 목소리로 청소는 걱정 말고 맡기라고 말하는데 믿음이 갔다. 금액은 평당 1만 원이며 창틀부터 집 전체를 팀원 세 명이 청소해준다고 했다. 34평 아파트였으니까 34만 원이었다. 적지 않은 금액이었지만 3명이 와서 정말 깨끗하게 청소해준다는 말에, 인건비가 있으니까 그 정도 비용은 들겠다고 생각했다. 청소업체에 예약을 하고 도대체 청소를 어떻게 하길래 '전문'이란 이름을 붙여서 업체를 운영하는지 궁금했다.

청소 당일이 되었다. 9시에 아주머니 3명이 청소기 한 대와 바퀴를 달아놓은 파란색 대야 하나를 끌고 아파트 안으로 들어왔다. 대야 안에는 퐁퐁, 락스, 걸레 몇 장, 빗자루, 바닥 밀대가 전부였다. 뭐 집에서도 흔히 볼 수 있는 도구들이었다. 언뜻 봐도 크게 전문적으로 보이지는 않았지만 도구는 평범하더라도 남다른 기술을 가지고 있을 거라고 생각했다. 이때까지만 해도 전문 업체는 뭔가 다를 것이라는 기대를 하고 있었던 것이다. 아주머니들은 복장을 갖추고 나와서 끝날 때쯤 연락을 줄 테니 그때 오면 된다고 했고, 나는 잘 부탁한다는 말을 남기고 집으로 돌아왔다. 12시가 조금 넘어서 아주머니에게 전화가 왔다. 청소가 다 끝나가니까 와서 보라는 것이었다. '아, 벌써… 세 시간 만에…?' 살짝 불안한 마음을 안고 새 집에 들어섰다.

"청소 다 했으니까 함 둘러보이소. 안 된 데 있으면 지금 얘기하고!" 통화했던 목소리랑은 다른 목소리라서 사장님은 아닌 것 같았지만, 아무튼 대장 아주머니의 말을 듣고 조금 주눅이 든 나는 여기저기를 둘러보기 시작했다. 그런데 내 눈에는 청소 전후의 집 상태가 크게 달라보이지 않았고 어디를 어떻게 확인해야 하는지, 어디까지 청소해주는지에 대한 지식도 전혀 없었다. 내가 주춤거리며 "아 예, 다 된 거 같네요"라고 말하는 순간 바닥에 타일 간격을 맞추기 위해 붙여놓은 테이프 끈끈이가 그대로 눌어붙어 있는 게 보였다.

"아 사장님, 여기 이 스티커는 원래 안 떼는 건가요?"라고 물으니 대장 아주머니는 잠깐 머뭇거리더니 이내 짜증스럽다는 표정을 지었다. 그러고는 엘리베이터 앞에 서 있는 2명의 아주머니들을 향해 "야야! 스티커 제거제 좀 들고 와봐라!" 하는 것이었다. 밖에 있던 아주머니들까지 들어와서 3명이 스티커 제거제를 뿌리고 10분 정도 투덜거리면서 타일에 붙어 있는 스티커를 긁어냈다.

그 모습을 보고 나는 생각했다. '아… 고객이 요구하면 바로 처리할 약품과 도구는 가지고 있구나. 역시 전문 업체는 다르네' 하고. 어쨌든 그분들이 가고 나서 나 혼자 남은 스티커를 한 시간 정도 더 떼어냈다. 더 요구했다가는 쌍욕 들을 것 같아서. 그 전문 청소업체는 그렇게 4시간의 짧은 청소를 마쳤다. 스티커를 긁어내면서 표정으로는 쌍욕을 하고 있었지만 끝내 욕은 입 밖으로 내뱉지 않았던 훌륭한 서비스 정신을 가진 아주머니들에게 고마운 마음이 들었다.

수고했다는 인사를 건네고 잔금을 주면서 때마침 점심시간이라 식사비도 함께 주어야 하나 잠깐 고민하는 순간, 아직 덕

지덕지 남아 있는 타일 위의 스티커 잔해들이 내 오지랖을 눌렀다.

그렇게 인사를 하고 돌아서는데, "행님, 다음은 몇 동 몇 호인교? 밥 먹고 갈 거지예?" 하는 팀원1 아주머니의 말이 들렸다. 그 순간 학교 다닐 때 수학 내신성적 9등급이었던 내 머릿속에서도 숫자들이 조합을 해내고 있었다. 34 더하기 34는 68, 68 나누기 3은 22…. 대장 아주머니가 많이 가져간다 해도 이 아주머니들 하루 일당은 20만 원이 넘는 것 같았다. 전문적인 기술도 없고, 특별한 도구나 장비도 없이 그저 인건비로만 남는다면? 그리고 이렇게 짧은 시간 안에 고소득을 올릴 수만 있다면? 이건 소자본 창업으로는 최고일 거라는 생각이 들었다.

그렇게 전문 청소업체와의 조우는 끝이 났다. 이사 당일, 짐을 옮기면서 아직도 남아 있는 먼지들과 도배 풀들을 닦다가 문득 '내가 하면 좀 더 잘할 수 있겠다'라는 생각이 들었다. 그리고 그 생각은 끊이지 않고 계속 이어졌다. 내가 한다면, 내가 한다면….

직업을 택하는 데 있어 시간 대비 좋은 수익을 얻을 수 있다면 그것만큼 좋은 게 어디 있을까. 세상에 돈을 싫어하는 사람이 있을까? 나도 돈이 참 좋다. 억만금까지는 아니더라도 많으면 많을수록 좋을 것 같았다. 내가 쓸 만큼만 두고 나누는 기쁨을 누리면서 살고 싶었다.

한때는 이런 내가 속물처럼 느껴져서 무엇을 하든 가치에 더 중점을 두는 사람인 양 포장하고 싶었던 적도 있다. 하지만 이제는 돈을 많이 벌고 싶은 목적 자체도 나쁘지 않다고 생각한다.

그렇게 나는 내 인생 제2의 직업을 찾았다. 사회적인 시선이나 평판 따위에 신경 썼다면 절대로 선택하지 않았을 그 직업. 바로, '청소'다. 나도 내가 미래에 청소를 직업으로 택할 것이라고는 꿈에도 생각하지 않았다. 그리고 겁 없이 청소업체를 운영하겠다고 마음먹었던 그때는 전혀 알지 못했다. 앞으로 내게 어떤 고난과 역경이 닥쳐올지.

청소는 어디서 배우지?

처음 청소를 해야겠다고 마음먹었을 때부터 나는 청소업체에 취업하는 것이 아니라 창업을 생각했다. 무슨 일이든 내가 직접 운영해야 더 많은 수익을 얻을 수 있다는 생각 때문이기도 했고, 중학교 때부터 아르바이트로 쌓은 수많은 경험 때문인지 나는 일에 대해서는 알 수 없는 '근자감(근거 없는 자신감)'이 있었다.

그래서 현재 청소업체들의 시스템과는 완전히 차별화된 그야말로 내가 생각하는 '전문' 청소업체를 만들고 싶었다. 이왕 시작한 거 입주청소업계에서 센세이션을 일으킬 만한 제대로 된 업체를 운영하고 싶은 마음에 들떠 있었다. 준비단계에서 혼자 하기에는 두렵기도 했고, 엄두가 나지 않아 언니와 함께 동업을 하기로 했다.

가장 먼저 우리는 청소를 배워보기로 했다. 하지만 아무리 찾아봐도 그 당시에 청소를 배울 수 있는 학원은 없었다. 청소를 맡겼던 그때를 되돌아보면 딱히 배울 것이 있을 것 같진 않았지만, 그래도 내가 알지 못하는 여러 가지 기술과 장비, 약품, 도구 사용법들이 있을 것이라는 생각이 들었다. 무슨 방법을 쓰든 그들이 일하는 전문적인 방법을 배워야만 했다. 그래서 결국은 다른 청소업체에 취업하는 방법을 택했다. 구인광고를 뒤져 한 업체에 떨리는 마음으로 전화를 걸었다.

"여보세요?"

"네, 안녕하세요. 구인광고 보고 연락드리는데요. 청소원 구한다고 해서요."

"네, 그런데 목소리가 너무 어린 것 같은데?"

"저 30대 중반인데요. 안 어린데요…."

"대부분 50대 60대 분들이 전화 주니까 어린 편이네요."

"일하려면 어떻게 해야 하죠? 그리고 저희 언니도 같이 하고 싶은데 혹시 2명은 안 필요하세요?"

"아, 필요하긴 한데 아는 사람 두 명은 같이 안 씁니다."

"그럼 저 혼자라도 일할게요."

"내일부터 바로 가능해요?"

"네, 가능합니다."

"그럼 전화 끊고 문자로 주소 보낼 테니까 그쪽으로 고무장갑이랑 마실 물 챙겨서 9시까지 나오면 됩니다."

"네, 알겠습니다."

분명히 사람이 없다는데 왜 지인 2명은 함께 채용하지 않는다는 건지 그때는 알지 못했다. 시간이 지나 내가 업체를 운영하면서 그 이유를 알게 되었다. 두 사람이 함께 와서 일을 시작했는데 둘 중 한 사람이라도 일이 힘들거나 적응을 못하면 대부분 둘 다 일을 그만둔다. 보통 청소는 3명이 한 팀이 되어 일을 하는데, 일을 다 가르치고 한 팀이 되어 손발을 다 맞춰 놓았는데 2명이 한꺼번에 나가게 되면 그 팀은 해체된다. 새로 투입된 초보 2명을 한 사람이 가르치며 일하는 것은 여간 힘든 일이 아니다. 그래서 팀을 만들 때는 서로 모르는 사람들끼리 팀을 구성하는 것이 맞다. 그때 그 사장님은 나름의 노하우로 업체를 이끌었던 것이다.

처음 현장에 나가는 날, 나는 걱정 반, 설렘 반으로 현장에 조금 일찍 가서 기다렸다. 곧이어 사장님이 도착했고, 우리는 지난번에 내가 청소를 맡겼던 그 업체와 크게 다를 것 없는 장비를 가지고 현장으로 올라갔다. 사장님은 일단 화장실부터 청소하라고 했다. 특별히 어떤 약품을 써서 어떻게 청소하라고 가르쳐주지도 않고, 퐁퐁과 락스와 수세미와 걸레 2장을 손에 쥐어주었다. 사장님은 "집에서 화장실 청소 많이 해봤죠?" 하면서 나를 화장실로 보냈다. 집에서 하는 청소야 내가 열심히 한다고 누가 대가를 지불하는 것도 아니고 검사를 받을 일도 없으니까 가벼운 마음으로 내 방식대로 청소를 하면 되었지만, 이건 달랐다. 아무리 똑같은 곳을 청소하는 것이라도 엄연한 일이었고 대가가 주어지는 것이니까. 갑자기 엄청난 책임감이 나를 짓눌렀다.

일단 나는 최선을 다해 열심히 화장실 청소를 했다. 얼마나 시간이 흘렀을까. 갑자기 화장실 문이 벌컥 열렸다. "아니 아직까지 화장실 하나도 못 끝내고 있으면 어떻게 해요! 빨리 끝내고 나와요!" 사장님이 벼락같은 소리를 질렀다. 그제야 정신을 차리고 시간을 보니 12시가 다 되어 있었다. 9시 20분쯤 청소를 시작했으니 2시간이 넘게 시간을 보낸 것이었다. 원래 손이 빠른 편이라 집에서는 청소든 요리든 뚝딱 해치웠는데 너무 긴장한 탓이리라. 그날을 돌이켜보면 정말 눈 깜짝할 새에 흘러버린 시간에 마음이 급해져서 어떻게 마무리를 했는지 기억도 나지 않았다. 청소가 끝나고 사장님은 일이 너무 느리고 서툴러서 내일부터는 안 나와도 된다고 말했고, 나는 오히려

전문 세척 및 항균장비 사용

다행이라는 생각이 들어 마음을 쓸어내렸다.

그날 일을 끝내고 나는 이 생생한 체험담을 언니와 공유했고, 우리는 기존 업체에서는 배울 것이 없겠다는 오만한 결론을 내리기에 이르렀다. 사장님은 나에게 기본적인 청소 방법과 얼마 만에 화장실 청소를 마쳐야 한다는 시간조차 가르쳐 주지 않았다. 초보인 나는 당연히 더욱더 당황할 수밖에 없었고, 약품 또한 시중이나 가정에서 평소에 봐왔던 것들이었기에 새로울 것도 없었다. 그래도 창틀 청소는 어깨너머로 배워서 그건 바로 현장에서 써먹을 수 있었다.

그때부터는 인터넷의 힘을 빌려보기로 했다. 먼저 전국에 청소로 유명한 업체들을 찾아 홈페이지부터 블로그까지 샅샅이 뒤지기 시작했다. 울산 현장에서는 보지도 듣지도 못했던 꼼꼼한 청소 방법들이 쏟아졌고, 우리는 활용하기 좋은 방법들을 골라 접목하며 우리만의 청소 방법을 연구하기 시작했다.

뒤에 다시 한번 설명하겠지만, 전등 커버 분리 청소, 벽지 청소, 배수구, 환기구 분리 청소, 서랍 전체 탈거 청소, 피톤치드 시공을 추가로 받지 않고 기본 서비스 안에 포함시키기 등은 울산에서 우리가 최초로 시도했던 청소 방법들이다.

그렇게 이미 잘나가는 업체들을 벤치마킹하여 버릴 건 버리고 접목할 건 접목하며 우리만의 청소업체를 만들었다. 홈페이지도 꾸미고 블로그도 만들고 약품과 장비들도 그때 그 당시 업체들에게선 찾아볼 수 없는 것들을 제대로 갖추려고 노력했다.

그리고 드디어 대망의 첫 예약 전화벨이 울렸다.

대망의 첫 집 청소하기

한 달 정도의 창업 준비를 마친 후, 첫 예약을 받았을 때가 생각난다. 두려움과 설렘이 교차하던 날이었다. 새로운 일을 앞두고의 마음가짐은 다들 비슷할 것이다. 설레기도 하지만 그만큼의 책임감이 앞선다. 대가를 받고 하는 일이기 때문에 부족하지 않은 서비스를 제공해야 한다는 부담과 대표로 시작하는 사업체로의 첫 단추를 제대로 끼워야겠다는 책임감으로 마음이 무거웠다.

첫 집은 그 시기에 입주를 시작하던 입주 아파트였다. 나름대로 준비를 한다고는 했는데, 그 하루를 어떻게 보냈는지 지금 돌이켜봐도 아찔하다. 그나마 행운의 여신은 우리 편이었

창틀 청소 전후

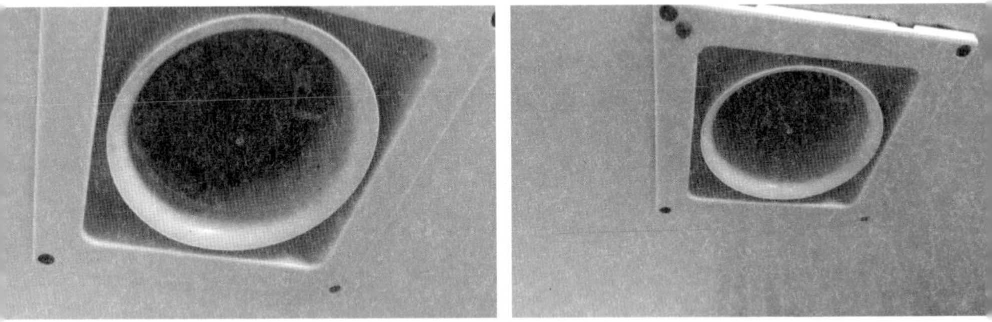

환풍기 청소 전후

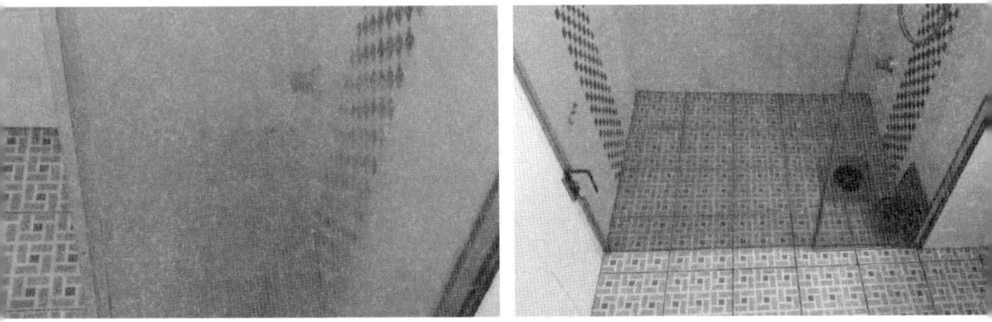

샤워부스 청소 전후

던 것 같다. 첫 청소가 이사청소가 아닌 신규 아파트 입주청소였던 것과 첫 고객이 너무 너그러운 마음씨를 가졌다는 것에 감사했다. 그런데도 그날은 어떻게 청소했는지 머릿속이 하얘질 정도로 정말 혼이 쏙 빠질 만큼 정신없는 날이었다.

청소 범위는 어디부터 어디까지 이루어져야 하고 각각의 공간을 청소할 때는 어떤 약품을 이용해 어떤 방법으로 청소하는지, 마무리는 어떻게 하는지, 마무리할 때까지의 시간 배분과 3명의 팀원이 공간을 어떻게 나누어 청소할지 등에 대한 데이터가 머릿속에 전혀 없었다는 것을 현장에 나가서야 깨달았다.

배울 게 없다며 현장 경험조차 제대로 하지 않았던 스스로가 참 한심스럽게 느껴졌다. 도배풀 떼는 작업과 유리창과 거울을 얼룩 없이 투명하게 닦는 작업, 윤기 나게 거실 바닥 닦는 작업 등은 지금 생각하면 기본 중에 기본인 청소 방법이지만, 그때는 열정만 앞섰지 청소에 대한 지식이 하나도 없었기에 진땀만 흘리기 바빴다. 10월이라 쌀쌀한 날씨였지만 땀을 뻘뻘 흘리며 일했던 기억이 난다. 평소에 일 잘한다는 소리를 듣고 살아서 일에 대한 자신감이 충만했었고, 일단 부딪히며 배우는 게 가장 빠르다는 말만 믿고 무작정 현장에 뛰어들었던 게 큰 착오였다. 청소뿐만 아니라 고객 응대에 대한 매뉴얼도

가스레인지 청소 전

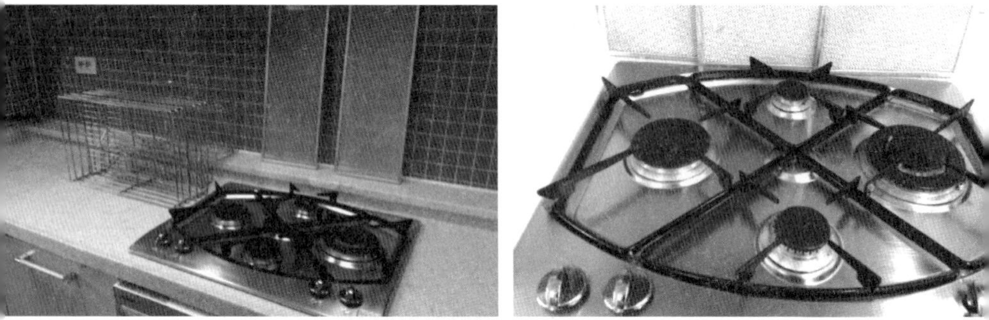

가스레인지 청소 후

없어서 하루종일 우왕좌왕했다. 청소는 전문적인 영역이라고 말은 했지만, 사실 나조차도 청소를 너무 만만하게 생각했던 것이다. 6시간 정도면 마무리할 집을 거의 8시간에 걸쳐 청소했는데도 도대체 어디를 어떻게 청소했는지, 내가 한 곳이 아닌 다른 직원이 한 곳을 점검할 여유도 없이 겨우 마무리하고 나왔다.

시간에 쫓겨 청소할 때는 다른 건 신경도 못 쓴 채 일을 하다가 마치고 돌아가는 길에 극심한 피로가 몰려왔다. 아이 셋을 키우며 집안일은 늘 했으니 체력은 괜찮을 거라고 생각했는데 긴장 상태에서 거의 8시간을 일하고 안 쓰던 근육들을 썼더니 온몸이 아파오기 시작했다. 그리고 몸의 통증보다 더 크게 다가온 건 '이대로는 안 된다'라는 각성이었다.

받은 금액에 합당한 서비스를 제공하고 싶었다. 이대로라면 예전에 내가 경험했던, 전문 청소업체라는 이름만 가지고 비전문가들이 집 청소하는 정도의 서비스를 제공하는 업체와 다르지 않았다. 그런 생각이 드니 자괴감이 밀려왔다.

그날 이후부터는 어떻게든 다른 업체와의 차별화를 목표로 출발한 이 사업체가 잘 되게 만들어야만 한다는 사명감으로 일을 마치고 집에 돌아오면 매일 밤마다 인터넷을 뒤지기 시

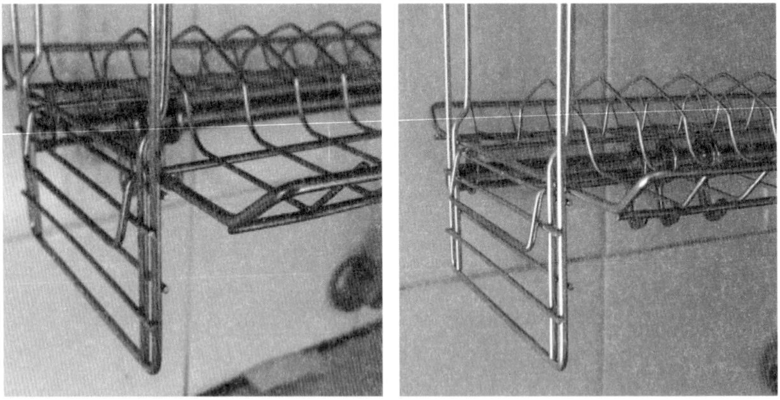

녹 제거 전후

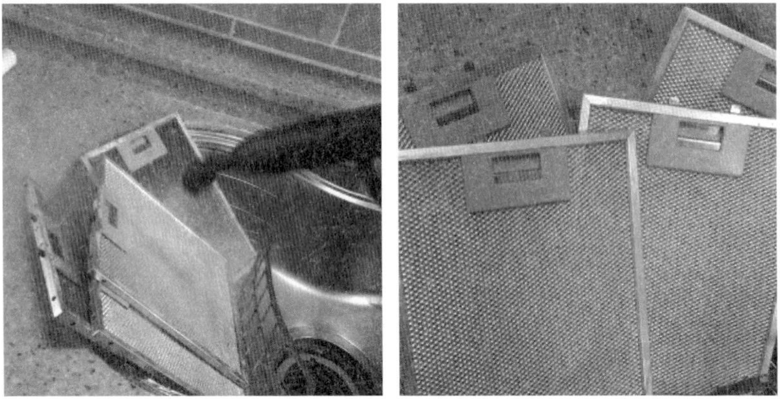

레인지 후드 청소 전후

작했다. 일을 시작하고 초반에는 잠도 거의 자지 못했다. 팀원 배정 방법, 청소 매뉴얼과 고객 응대 매뉴얼을 만들고, 간편 예약 시스템도 만들어야 했다. 또 약품과 장비도 더 갖추고 목록도 정해야 했다. 이 모든 것들이 종일 머릿속에서 떠나질 않았다. 그 시기에는 꿈에서도 청소하는 방법들을 연구했다.

어찌 보면 순서가 바뀌긴 했다. 모든 공부와 준비를 마치고 업체를 시작해야 했었지만, 그 당시에 청소를 제대로 가르쳐 주는 학원이란 곳은 없었다. 그때부터 나는 어쩌면 청소야말로 배워야 할 지식과 기술이 수두룩한 전문 직업인데 왜 가르쳐주는 학원이 없을까를 늘 아쉬워했던 것 같다. 어쨌든 매일 일을 하면서 현장에서 체감했던 부족한 부분을 이론으로 채우는 식으로 청소 방법을 조금씩 익혀 나갔다.

시간이 가면서 현장 경험과 공부를 병행해서 진도가 아주 잘 나갔다. 감사하게도 부족한 업체지만 아주 조금씩이라도 다른 업체들보다 꼼꼼하게 정성을 다하고 친절하다는 후기들이 올라오기 시작했고, 소개도 많이 받아서 예약은 늘 차 있었다. 운 좋게도 그 시기에 우후죽순 들어서던 신규 아파트 입주 물량도 많았다. 어쩔 때는 하루쯤 쉬고 싶었지만 고객들과의 약속으로 예약된 일을 물릴 수는 없었다.

배수구 청소 전후

그즈음 전문적이고 디테일한 청소 방법들을 공부하고 알아내고자 청소 동우회에도 가입했다. 다들 서로 응원하는 분위기이지만, 약품이나 방법 등은 자신만의 노하우이기 때문에 쉽게 알려주지 않는 분위기도 있었다. 거실 큰 창의 손이 안 닿는 창틀 쪽은 어떻게 청소하는지, 뿌옇게 물때가 낀 샤워부스를 새 유리처럼 투명하게 만들려면 어떻게 해야 하는지, 약품을 쓰지 않고도 마치 광택제를 바른 것처럼 반짝거리는 바닥은 어떻게 만들어야 하는지, 기름때로 찌들어 있는 가스레인지 후드를 손쉽게 청소하는 약품과 청소 방법은 어떤 것인지, 마감재에 따라 어떤 약품을 쓰고 약품 사용에 주의할 점은 무엇인지. 이런 노하우들은 그 누구도 가르쳐 주지 않았기에 이 모든 것들은 현장에서 시행착오를 겪으며 하나씩 알아갈 수밖에 없었다.

값비싼 장비들을 구입해서 필요한 것과 필요 없는 것들을 구분해내고, 장비통만 7~8번을 바꿔서 청소장비를 넣고 다니기에 좋은 최적의 장비통을 찾아내기도 했다. 또한 이런저런 청소 방법 중에 가장 쉽게 적용 가능하면서도 효과도 좋은 방법들을 현장에서 적용해보았다. 특히 약품 선정이 너무 힘들었는데, 청소를 쉽게 하기 위해서 가장 중요하다고 할 수 있는 약품에 대해서는 누구 하나 시원하게 가르쳐주지 않았다. 맨

땅에 헤딩하는 심정으로 모든 약품을 써보며 비교 분석해볼 수밖에 없었다.

'현장에서 가장 빨리 배운다'라는 말에 그렇게 호되게 당했지만, 나는 우리 훈련생들에게는 이런 말을 자주 한다. "내가 겪은 수년간의 시행착오와 각 공간별 청소 방법, 필요한 약품 선정과 약품 사용법, 마감재에 따른 청소 방법, 마케팅, 고객 응대법을 이렇게 가르쳐주는 학원이 있었다면 나는 당장 등록했을 것이다. 이런 현장에서 겪을 수 있는 수많은 상황과 디테일한 청소법을 모두 다 익힌 훈련생들은 두려울 게 없을 것 같다. 물론 졸업생들은 수료식 날 정말 해볼 수 있는 용기가 생겼다고 말을 하면서도 많이 두려워한다. 하지만 완벽하게 준비된 때는 없다. 오늘 시작하든 한 달 후에 시작하든 두려움의 크기는 똑같을 것이다. 한 번도 해보지 않았기 때문에 어느 정도의 두려움은 누구에게나 있는 것이다."

'벽인 줄 알았는데 지나가 보니 커튼이었다'라는 말이 있다. 내가 어떠한 역량으로 얼마나 잘 헤쳐 나갈 수 있는 사람인지는 아무도 모른다. 알아보려면 일단 부딪혀 보는 수밖에 없다. 혹시 아는가. 정말 벽인 줄 알았는데 커튼일지도.

목계가 될 때까지

얼마 전 수업시간에 한 훈련생이 손을 들고 질문을 했다.

"원장님, 청소업체를 운영하는 데 가장 큰 결격사유가 뭐예요?"

질문을 받고 곰곰이 생각해보았다.

"분노조절장애가 있으면 힘들 것 같네요"라고 대답하자 훈련생들은 일제히 빵 터졌다.

웃기려고 대답한 건 결코 아니었고, 내 딴에는 굉장히 진지한 대답이었다. 내가 청소업을 하면서 계속 느꼈던 가장 중요하게 요구되는 능력은 바로 '참을성'이다.

각각의 직업마다 요구되는 필수 능력이 있을 것이다. 흔히

들 청소업체는 청소를 잘하고 약품이나 도구를 적재적소에 사용하는 능력만 있으면 업체를 창업할 수 있다고 생각한다. 하지만 청소업체를 운영한다는 것은 청소만 잘한다고 되는 것은 아니다. 청소를 아주 잘했다고 해도 그 기준이라는 것이 사람마다 제각각이라 생각지도 못한 부분에서 클레임(claim)이 발생할 수도 있다.

고객을 상대하려면 서비스 정신은 기본 중의 기본이다. 또 갑작스러운 상황에 유연하게 대처할 수 있는 빠른 판단력과 융통성, 너무 많은 요구를 하는 고객에게 적절한 기준을 제시해주는 단호함도 필요하다. 그리고 이 모든 것을 가능하게 해줄 '말발'과 팀을 원만하게 이끌어 나가기 위한 리더십 또한 필요하다. 하지만 그중에서도 제일 중요한 것은 '참을성'이란 걸 업체를 운영하면 할수록 더욱더 선명하게 느끼게 되었다.

기본적으로 청소는 육체노동을 동반한다. 그래서 아주 힘들다. 노동의 강도로 따져보자면, 일 년에 한두 번씩 집 대청소를 하고 나면 다음날 온몸이 쑤시고 심하면 몸살까지 나곤 하는데, 그런 대청소를 매일매일 한다고 보면 된다. 약품을 이용해 좀 더 편하게 청소하는 방법을 익히고, 시간이 지나고 현장일이 익숙해지면 청소하는 데도 요령이 생겨서 훨씬 수월해지기는 하지만, 그래도 강도 높은 육체노동임은 확실하다. 한 집을 마무리하고 나면 가끔씩 걸레 한 장 들고 있는 것조차 버겁게 느껴질 때도 있다. 그 정도로 힘이 빠지면 사람은 예민해지기 마련이다. 그런 상황에서 까칠한 고객을 만나면 멘탈 관리가 힘들어진다.

창업한 지 얼마 안 된 초보 사장님들이 제일 많이 하는 실수가 여기서 발생된다. 고객들의 눈높이는 천차만별이라 그들이 요구하는 모든 것을 들어줄 수는 없고 무리한 요구를 할 때는 왜 안 되는지를 설명하고 설득해야 하는데, 이 과정이 참 힘들다. 무리한 요구를 하는 것 자체가 상대의 설명 따위는 듣고 싶지 않다는 독선이 깔려 있으므로.

어쨌든 우리도 인간인지라 그런 얼토당토않은 요구를 하는 고객을 만나면 몸도 힘든 와중에 짜증이 치밀어 오르게 된다. 그렇게 더러웠던 집을 이렇게나 깨끗하게 청소했는데 아무리 돈을 지불하고 서비스를 받는 것이라 해도 수고했다는 말 한마디 없이 팔짱을 끼고 티끌 하나하나 꼬투리를 잡고 있는 고객을 상대하기란 여간 힘든 일이 아니다. 어쩔 땐 육체노동보다 이렇게 고객을 상대하는 것이 더 피곤하다. 육체노동보다 정신노동이 더 스트레스를 받는다는 건 모두 잘 알고 있을 것이다.

이런 고객을 상대할 때 답은 한 가지다. 청소업체가 할 수 있는 범위를 넘어선 요구를 하는 고객을 만났을 때는 안 되는 건 왜 안 되는지를 단호하고 짧게 설명하고, 조금이라도 의심되는 부분이 있으면 그들이 직접 눈으로 확인할 수 있도록 고객이 보는 앞에서 다시 한번 청소하는 것이다. 제일 위험한 게 방전된 체력과 멘탈로 짜증내고 귀찮아하며 고객에게 변명을 하는 것이다. 이 변명이 고객들을 화나게 만든다. 그리고 그런 태도는 고객들로 하여금 능력 없고 최선을 다하지 않은 업체로 낙인찍게 만든다.

가끔 까칠한 고객들을 상대할 때면 많이 힘들지만 오히려 더 상냥하게 대하면서 끝까지 미소를 잃지 않도록 스스로의 마음을 재정비한다. 그리고 그런 고객을 상대하면 할수록 나의 고객응대 기술도 더 좋아지고, 이 과정에서 가장 요구되는 '참을성'의 게이지도 점점 더 향상됨을 느낀다.

재미있는 건 이렇게 까칠한 고객을 만족시키면 그들의 영업적인 파급력 또한 기대 이상이라는 점이다. 그렇게 그들은 우리 업체의 팬이 되고, 한번 팬이 되면 주변 사람들에게 소개도 많이 해주고 이사를 갈 때마다 우리 업체에 청소를 의뢰하는 골수팬이 되어 버린다. 아마도 그들과 알고 지내는 주변 사람들도 그 고객의 예민하고 까칠한 부분을 알고 있는 것 같다. 그런 사람이 만족하고 소개해주는 업체라면 묻지도 따지지도 않고 믿고 맡긴다.

어쨌든 같이 언성을 높이거나 변명만 하게 되면 오히려 끝없이 고객과 입씨름만 하게 되어 더욱 큰 다툼으로 확장될 수 있기 때문에 조심해야 한다. 나도 처음에는 뻔뻔하게 느껴질 만큼 서비스를 당당하게 요구하는 그들에게 휘둘렸다. 세게 나올수록 주눅이 들어 그들이 원하는 대로 하나하나 맞춰주다 정신을 차려보면 '지금 뭐하고 있는 건가', '나만 믿고 있는 팀원들을 지켜주지 못하고 있구나'라는 생각이 들면서 변화의 필요성을 통감하게 되었다. 나부터도 고객이 무서워서 제대로 응대하지 못하면 내 뒤에 있는 우리 직원들의 인격적인 대우는 기대할 수조차 없는 상황이 되어 버린다.

그런 고뇌가 이어지면서 고객응대 공부의 필요성도 느끼게 되었고, 그래서 원래부터 관심 분야였던 심리학이나 인문학에 더욱더 관심을 가지게 되었다. 나 스스로에 대한 성찰의 필요성도 느끼고 상대방의 행동에 어떤 의미가 있는지도 궁금해졌다.

장자의 달생편에 나오는 재미있는 일화가 있다.

태약목계(呆若木鷄)

중국 주나라 선왕은 닭싸움을 매우 좋아했다.

한번은 왕이 당대 최고의 투계 조련사인 기성자를 불러서 자신의 싸움닭을 맡기며 최고의 싸움닭으로 훈련해 달라고 부탁했다.

열흘이 지나자 왕은 기성자에게 최고의 싸움닭이 되었냐고 물었고, 이에 기성자는 "지금은 한창 사납고 제 기운만 믿고 있어 기다려야 합니다"라고 대답했다.

열흘이 다시 지나고 왕이 닭싸움을 할 준비가 되었냐고 묻자 기성자가 대답했다.

"다른 닭의 소리를 듣거나 그림자만 보아도 바로 달려드니 아직은 더 기다려야 합니다."

다시 열흘이 지나고 왕이 묻자 기성자가 대답했다.

"죄송하지만, 아직도 다른 닭을 보면 곧 눈을 흘기고 기운을 뽐내고 있으니 기다려야 합니다."

그렇게 40일이 지났을 때 왕이 그를 불러 물었다.

"이제는 닭싸움에 내보낼 수 있겠느냐?"

그러자 기성자가 왕에게 대답했다.

"이제는 다른 닭이 소리 지르고 위협해도 쉽게 동요하지 않고 평정심이 있어 마치 나무로 만든 닭, 목계와 같습니다. 그래서 그 덕이 온전하여 다른 닭이 가까이 오지 못하고 그 기운에 다른 닭들은 쳐다보기만 해도 달아나 버리고 맙니다."

이 일화가 나에게 너무 큰 도움이 되었다. 주눅 들고 상대가 던진 말에 욱하고 반응하여 같이 덤벼드는 것은 상황 정리에 그 어떤 도움도 되지 않는다는 것은 알고 있었다. 별일 아닌데 유독 유난스럽게 소리를 지르거나 까칠하게 구는 사람들은 기본적으로 자존감이 낮은 사람들이란 것도 책을 통해 알게 되었다. 조용히 부탁하거나 부드러운 대화로는 자신이 원하는 바를 이끌어내지 못할 거라고 생각하는 사람들. 먼저 선방을 날려서 '나 만만하게 보지 마'라고 자신에게 내재되어 있는 나약함을 감추려고 애쓴다.

목계(木鷄)를 알고부터 나는 유난히 흥분을 잘하는 고객을 만날 때면 오히려 더 차분하되 단호한 모습을 유지하려고 애쓴다. 그리고 마음으로는 항상 이렇게 생각한다. "나는 목계다. 나는 목계다. 나는 나무로 만든 닭이다. 나는 어떤 것에도 흥분하지 않는다." 그리고 그 단호한 모습에 더 날뛸 것 같은 상대가 오히려 주눅이 든 모습들을 여러 번 확인하고는 이것이 내 나름대로 찾은 정답임을 확신하게 되었다.

이 방법은 고객응대뿐만 아니라 일상에서 이와 비슷한 사람들을 만날 때도 써먹을 수 있는 나름의 대인관계 스킬이 될 수도 있겠다. 어렸을 때부터 유난히 예민한 성격으로 상대에게 맞추는 게 편했던 나는 이 직업을 유지하는 데 있어 다른 사람들보다 더 많은 정신적 스트레스를 받았던 것 같다. '엄마도 엄마가 처음이라'라는 말이 있다. 준비되지 않은 상태로 엄마가 된 사람의 당혹스러움이 가득한 말이다. 이 말을 처음 접했을 때 나는 '사장인 나도 사장은 처음이라'라는 말이 자연스레 떠올랐다. 어린 나이에 사장이 되었고, 사장으로서 가져야 되는 자질과 책임감과 단호함을 가지지 못한 여리디 여린 내가 이 드센 고객들을 상대하고, 어떻게 팀원들을 지켜야 할지 몰랐기에 고객들에게서 받은 스트레스와 더불어 사장의 자질에 대한 고민으로 정말 많이 힘들었다.

하지만 그런 고민의 시간들이 있었기에 안하무인 고객들로부터 나 스스로는 물론 팀원들을 보호할 수 있게 되었다. 우리 팀원들은 내가 지킨다는 마음으로 단호하되 친절하게 거절하고 응대할 수 있는 방법들을 끊임없이 공부하고 노력할 수 있었다. 그리고 조금은 사장다운 사장의 모습을 갖추며 성장할 수 있었다고 생각한다.

정말 알을 깨고 나온다는 표현이 맞겠다. 알만 깨고 나오면 이제 내 세상이다 싶었지만, 내가 깨고 나온 흩어져 있는 껍질들을 밟으며 평평하고 부드러운 맨땅을 만날 때까지 난 수없이 찔리고 상처가 났다. 그리고 상처가 아물 때쯤 부드러운 땅에 발을 디딜 수 있었다.

내가 앞으로 나아가는 길엔 또 다른 장애물들이 수없이 존재하고 있으리란 것도 알고 있다. 하지만 이제는 나도 안다. 흔들리고 아파야 방법을 찾을 수 있다는 것을. 흔들리면서 고민하는 시기가 있어야 조금 더 중심을 잡고 설 나만의 방법을 찾아낼 수 있다는 것을. 오늘도 나는 돌부리에 걸려 넘어지기도 하고, 불어오는 바람에 휘청거리기도 한다.

하지만 이젠 괜찮다. 난 다시 털고 일어날 것이고, 그리고 또다시 앞으로 걸어갈 것이다. 어제보다는 나은 오늘이, 오늘보다는 나은 내일의 내가 될 것임을 알기에 예전처럼 다가오는 내일이 마냥 두렵지만은 않다.

왜 청소를 하려고?

내가 '입주청소 일을 해봐야겠다'라고 마음먹었을 때, 이 직업에 자연스럽게 떠올려지는 너무나 확고하게 자리 잡은 편견 어린 시선에 대해서는 전혀 생각하지 않았다. 내 눈에는 너무나 매력적인 직업으로 보였기 때문이다. 청소일을 하는 것이 부끄럽지도 않았고, 오히려 이렇게 당당한 노동을 통해 값진 대가를 얻는 직업을 가지는 것이 자랑스럽게 느껴졌다.

나는 '어쩔 수 없이' 이 일을 하게 된 것이 아니라, 수많은 선택지 중에 현시점에서 가장 좋다고 생각되었던 직업을 '선택' 했기 때문에 가능한 생각이었는지도 모르겠다.

사회에 만연한 직업에 대한 편견 어린 시선들은 주변의 다른 이들을 통해 나에게 전달되었다. 사람들은 '청소'일을 하는 사람들은 배운 것 없고, 기술도 없고, 나이가 많아서 어디서 써주지 않고, 더 이상 다른 일을 할 수 없어서, 그러니까 '어쩔 수 없이' 이 일을 하게 되는 것이라고 생각한다. 내가 처음 청소를 시작할 당시만 해도 이런 시선은 거의 지배적이었다. 그래서 현장에서 고객들은 우리 업체를 보고 많이들 놀라기도 했다.

지금은 이 청소업이라는 직업의 수익성과 발전 가능성을 알아보고 젊은 사람들도 많이 뛰어드는 추세이지만, 그 당시만 해도 당연히 나이 많은 어르신들이 와서 청소할 거라고 생각했는데 젊은 사람들로 이루어진 청소팀은 처음 보았기 때문에 대부분 생소하게 생각했다.

제일 처음 가족들이나 친구들에게 '청소'를 할 거라고 말했을 때, 그 어떤 사람도 "그래, 그거 괜찮을 것 같다. 열심히 해봐!"라고 말한 사람은 아무도 없었다. 하나 같이 모두 "하고 많은 직업 중에 왜 하필 청소를 하려고?", "그거 진짜 힘들다던데 할 수 있겠어?" 혹은 "너랑 너무 안 어울리는데?" 등의 말들을 했다.

지금 와서 생각해보면 편견도 편견이지만, 진심으로 걱정해주는 말이었던 것 같기도 하다. 하지만 약간은 청개구리 성향을 가진 나는 그런 말들을 하는 사람들에게 보란 듯이 잘 해내는 모습을 보여주고 싶었다. 그렇다면 '일단 내가 한번 해보고 얼마나 어려운 직업인지 나에게 어울리는지 안 어울리는지 부딪혀보자'라는 생각을 하며. 그렇게 모두의 우려 속에서 나의 다짐은 더욱더 확고해졌다.

일을 시작하고 나서 사람들 말처럼 정말 쉽지 않은 직업임을 뼈저리게 느꼈다. 현장에서의 일도 당연히 힘들었지만, 아직 서툰 실력으로 고객들을 응대하는 데서 오는 정신적 스트레스가 상당했다. 초반에는 정말 너무 힘들어서 그만두고 싶은 마음도 많았다. 청소일에 익숙하지 않아 퉁퉁 부은 손가락으로 창틀을 청소하면서 '나는 잘 해낼 수 있다'라고 호언장담했던 사람들에게 민망하지 않을 만한, 그만둘 수밖에 없는 그럴듯하면서도 정당한 이유를 찾느라 고민해보기도 했다.

하지만 우리 업체를 믿고 예약한 고객들과의 약속을 어길 수 없었고, 주변의 반대를 무릅쓰고 시작한 일을 이렇게 흐지부지 끝낸다면, 나는 앞으로 어떤 일을 해도 제대로 해내지 못할 것이라는 생각이 들어서 그렇게 하루하루 버티듯 일을 계속해 나갔다. 힘들었던 하루하루가 쌓여가면서 기대보다 괜찮았던 수익, 그리고 서비스에 만족하는 수많은 고객의 칭찬과 격려 덕분에 힘든 일과 속에서도 조금씩 보람과 즐거움을 찾게 되었고, 입주 현장에서 청소 그 이상의 다양한 품목의 가능성까지 볼 수 있게 되었다.

나는 청소일을 하면서 타인들의 시선은 중요하지 않았다. 단 한 번도 내 직업이 부끄러웠던 적이 없었다. 하면 할수록 전문적인 기술력이 필요한 분야임을 느끼게 되었고, 그와 더불어 고객을 응대할 수 있는 수준 높은 테크닉 또한 필요한 직업임을 느꼈기에, 오히려 이 일을 잘 꾸려 나가는 데 있어 자부심을 가지고 있었다. 나름 업체의 대표라고는 하지만 그 직종이 사람들이 무시하던 '청소'였기에 내가 업체를 운영하면서 만났던 사람들 또한 편견에서 자유롭지 않은 사람들도 여럿 있었다. 다른 품목 사장님들과 공동구매(신규아파트 입주자 공동구매박람회)를 하면서 만난 신규 입주 아파트 예비입주자 대표들, 그리고 수많은 고객도 '할 거 없어서 청소하겠지'라며 은근히 무시하는 태도를 종종 보이곤 했다. 그런 편견들을 신뢰로 바꾸기 위해서라도 나는 더 당당하고 열정적으로 일했던 것 같다.

그리고 우리 업체를 시작으로 청소시장이 기술적인 면에서나 서비스 면에서도 전문화되어 상향평준화되길 바랐고, 그로 인해 청소를 바라보는 사회적 편견들이 조금씩이라도 완화되어 청소도 그 어떤 분야보다 전문성이 요구되는 전문기술직업이라는 시각이 자리 잡길 바랐다. 지금도 그런 바람이 조금씩 이루어질 수 있도록 부단히 노력하고 있다.

처음에 주변 사람들의 우려 때문에 나도 지레 겁을 먹고 이 직업에 대한 편견으로 첫걸음을 떼지 않았다면 내 삶은 어떤 방향으로 나아갔을지 모르겠다. 8년이 지나 지금 청소 전문학원을 운영하기까지 과거를 되돌아보면, 어쩌면 그 누구도 워너비 직업으로 선택하지 않는 직종이라서, 또 젊은 사람들은 선택하지 않는 직업이라는 편견이 있었기 때문에 오히려 나는 이 직업의 매력을 발견할 수 있었던 것 같다.

청소를 처음 하기 시작할 때 선배들이나 다른 청소업체 사장님들은 내게 이렇게들 말했다. “고객들은 어디를 어떻게 해주는지도 모르는데 왜 그런 것까지 하냐”, “벽지에 닦을 게 뭐가 있다고 벽지까지 닦아 주냐”, “스팀 소독은 왜 하냐”, “서랍은 왜 완전히 빼서 안에까지 닦아 주냐”, “청소할 줄 모르니까 장비만 저렇게 잔뜩 들고 들어가지.”

이런 말들을 들을 때마다 난감했지만, 조금이라도 나은 서비스를 제공하고 싶었던 나의 고뇌가 이 일을 계속 해왔던 사람들에게는 전혀 환영받지 못한 일이었던 건 어떻게 보면 당연한 일인지도 모르겠다. 편하게 돈을 벌 수 있는데 눈높이를 올리는 내가 못마땅했을 것이다. 하지만 눈에 보이는 곳만 대충 청소하던 청소업체들도 이제는 전반적으로 기술과 서비스들이 상향평준화되어 가고 있는 것을 느낀다. 또한 청소업도 전문적인 기술과 서비스 정신을 갖고 일해야 성공할 수 있는 분야라는 인식의 변화들에 조금이나마 일조한 부분이 있을 거라고 생각하면 참 뿌듯하고 자랑스럽게 느껴진다.

얼마 전 아주 오랜만에 훈련생으로부터 똑같은 질문을 받았다. "원장님 같이 똑똑하신 분이 왜 청소를 시작하신 거예요?" 나는 그리 똑똑하지 않다. 하지만 그 질문을 한 훈련생에게는 '청소를 하기에는' 똑똑해 보였을지도 모르겠다. 청소를 배우고 있음에도 다분히 편견이 묻어나는 그 질문에 나는 망설임 없이 대답했다. "제가 똑똑한지는 모르겠지만, 만약 똑똑하다면, 그래서 이 직업을 알아본 거겠죠."

선택과 집중

한 사람에게 쓸 수 있는 에너지는 한정적이다. 어렸을 때 나는 무척이나 소심한 아이였다. 국민학교 3학년 때의 일이 아직도 생생하다. 그때 내 짝은 요즘으로 치면 반에서 힘 좀 쓴다는 '짱'이었다. 늘 싸움을 일삼던 아이라 얼굴에 종종 새로운 상처들을 만들어왔기 때문에 어린 내 눈에는 정말로 조폭 같아 보였다. 나처럼 소심하고 간이 작은 아이에게는 너무나도 무서운 존재였다. 살아가는 세계관이 달라서 서로의 세계를 굳이 침범하지 않고 지냈던 걸로 기억한다. 그러던 어느 날 선생님이 미술 준비물로 찰흙을 2개씩 준비해오라고 했다. 선생님의 말을 어기는 것을 두려워했던 나는 그 어떤 숙제나 준비물을

단 한 번도 빠뜨린 적이 없는 그야말로 모범생이었다. 그러나 3교시가 미술이라는 걸 뒤늦게 알게 된 내 짝은 당연히 준비물이 있었다는 것조차 모르고 있었다. 그런 내 짝은 나의 찰흙을 빼앗고 400원을 던지면서 "너는 새로 사와"라고 말했다. 이 상황에서 내가 할 수 있는 선택은 무엇이 있었을까. 당연히 말도 안 되는 소리 하지 말라며 찰흙을 되돌려 달라고 말하는 것이 1순위였고, 말을 듣지 않는다면 선생님에게 도움을 요청할 수도 있었을 것이다. 하지만 나는 그렇게 되면 한 번의 위기는 모면하더라도 고자질의 대가로 앞으로 괴로운 날들을 보내야 한다는 현실이 두려웠고, 또 그렇게 '한 번 더' 선생님에게 나쁜 아이라고 낙인찍히게 되면 이 아이가 얼마나 속상할까 하는 말도 안 되는 걱정까지 했다. 결국 울면서 학교 앞 문방구까지 뛰어가서 찰흙을 사왔다. 당연히 10분의 짧은 쉬는 시간 안에 도착하지 못했고, 수업이 시작되고 좀 늦게 들어온 나는 선생님의 "화장실 빨리빨리 다녀와라"라는 말에 서러움이 터졌다. 결국 나는 제일 좋아하는 미술시간 내내 울면서 수업을 받았다.

나는 그런 아이였다. A형이었던 나는, 소심한 A형이란 틀에 그대로 끼워 맞춰져 태생부터 소심한 아이라고 나를 규정짓는 실수를 저질렀다. 나의 다양한 모습을 바라보지 못하고 나 스스로 소심한 아이라고만 생각했던 것이다. 그러던 나는 자라면서 자연스럽게 활달한 성격으로 조금씩 바뀌어갔고, 성인이 되었을 땐 내 입으로 말하지 않는 이상 나를 'O형'으로 생각하는 사람들이 많았다. 그리고 유아교육학과를 선택하면서 아이들이든 어른이든 많은 사람들 앞에 서야 하는 직업에 임하기 위해서 성격변화는 필수불가결한 부분이었다. 또 결혼하고 아이들을 낳고 내가 아이들의 대변인이 되어야 하는 상황에서는 너무나도 자연스럽게 '엄마'로서 가져야 할 성격들이 새로이 생겨나기 시작했다.

그럼에도 불구하고 늘 벗어나지 못했던 성격이 있다. 바로 쉽게 거절하지 못하는 성격과 타인들의 시선을 무시하지 못하는 성격이었다. 심리학에서는 타인들의 시선에 흔들리는 건 결국 그런 문제점들이 내 안의 자아와 맞닿아 있어서라고 한다. 타인이 뭐라고 하든 내가 아니라고 생각하면 그건 아무런 의미 없이 흘려버릴 수 있지만, 나도 그렇게 생각하고 있었는데 타인이 지적하면 스스로 뜨끔해지며 화가 난다거나 민망함에 더 움츠러들면서 나의 내면이 흔들린다는 것을 알게 되었다. 결국 나의 약점은 내가 제일 잘 알고 있었다.

흔히 자존감이 높은 사람들은 스스로의 약점과 장점을 모두 인지하고 밸런스를 유지해 뿌리 깊게 자리 잡았다면 흔들리지 않겠지만, 그렇지 않다면 누군가 나의 부족한 어떤 부분을 건드리기만 해도 흔들리는 것이다. 그렇게 나는 바람이 불어올 때면 여지없이 심하게 흔들렸다.

단호하게 거절하지 못하는 성격, 그리고 다른 사람의 평가에 휘둘렸던 이 성격이야말로 내가 '청소'라는 일을 함에 있어 가장 큰 걸림돌이었다. 일에 집중하기에도 모자란 에너지들을 너무 다른 곳으로 분산시키고 있었던 것이다. 초보이기에 아직 부족한 부분이 있는 것은 어찌 보면 당연한 일이다. 부족한 부분은 인정하고 수정해 나가면 될 일이고, 발전하려고 노력하면 될 일이다. 그런데 고객들이 비슷한 금액을 지불하고 다른 업체보다 부족한 서비스를 받았다고 생각할까 봐 늘 노심초사하고 불안했다.

청소라는 직업은 원래 많은 클레임이 들어오는 일이다. 그런 일들은 내게만 생기는 일이 아니라는 뜻이다. 이 일은 클레임과 함께 간다고 해도 과언이 아닐 만큼 자주 발생하고 모든 고객들의 눈높이를 맞추기는 힘들다. 하지만 처음부터 내게 그런 가르침을 준 사람은 아무도 없었다. 고객의 클레임이 들어올 때면 나는 정말 '청소라는 직업이 어울리지 않나', '우리 업체는 청소를 못하는 걸까'라는 자책들로 의기소침해지기 일쑤였다. 아마도 '좋은 업체가 되어야 한다', '고객들의 눈높이에 어떻게든 맞춰야 한다', '최선을 다하는 이미지의 업체가 되어야 한다'라는 책임감이 나를 더욱 무겁게 짓눌렀던 것 같다.

그런 생각에 침잠하다 보니 고객을 상대하기가 두려웠고, 일하는 게 즐겁지 않고 힘만 들었다. 스스로 생각해도 대부분의 고객들이 만족한다고 하는데 왜 소수 고객들의 까칠한 태도에 이렇게 흔들리나 싶을 정도로 그때의 내 멘탈은 금방 깨져버릴 듯 위태로웠다.

업체 운영 초반에는 인터넷에 제일 큰 지역 카페나 새로 입주하는 아파트의 카페와 밴드에 키워드 알림 설정을 해놓고 우리 업체와 관련된 품목이나 업체명이 노출되는 걸 꼼꼼히 모니터했다. 조금이라도 안 좋은 말들이 나올 것 같아서 늘 조마조마한 마음으로 지냈다. 어떤 일이든 완벽하게 해내야 한다는 꼼꼼한 성격이 업체가 발전하는 데 큰 도움이 되기도 했지만, 나를 더 피곤하게 만들고 있었다.

그러던 어느 날, 이런 시선에서 조금 자유로워질 수 있는 일이 일어났다. 지역에서 꽤 이름 있는 유명한 청소업체였고, 나와도 잘 알고 지내는 사장님의 업체 이야기가 카페에 인기글로 올라왔다. 글을 읽어보니 업체와 고객 양쪽의 입장을 다 고려해봐도 사장님이 큰 실수를 한 게 분명했고, 글을 작성한 사람은 사장님의 연이은 무책임한 행동들에 참을 만큼 참았다며 분노를 터뜨리고 있었다. 거기다 더 심각한 것은 '우리도 진짜 실망이었다'라는 댓글이 여럿 달리기 시작하면서 그동안 조금은 안일했던 그 사장님의 거짓된 영업방식이 그대로 드러나기 시작했다. 이 상황을 그 사장님이 아는지 모르는지 댓글 수가 100개가 넘어갔고, 상황이 점점 커지기 시작하자 내가 더 초조해서 전화를 했다. 사장님은 이 사실을 까맣게 모르고 있었다. 그러고도 이틀 정도 그 글은 인기 글 상단에 링크되어 있었고, 조회수는 거의 만 건이 넘었다.

우리 업체였으면 어땠을까, 두려운 생각에 마음을 쓸어내리면서도 그 업체가 망하는 건 아닐지 걱정이 되었다. 이후에 그 사장님에게 힘들게 마무리했다는 말을 듣기는 했지만, 그렇게 무책임한 서비스로 수많은 사람에게 낙인찍힌 업체를 운영하는 게 정말 힘들겠다고 생각했다. 그런데 이 생각은 정말 기우였다. 그 업체는 여전히 꾸준하게 일이 들어왔고, 새로운 공동구매 현장에서도 선발이 되는 등 흔들리지 않고 잘 운영되었다.

이 에피소드는 내가 그동안 업체를 위하는 일이라 생각하며 소수의 클레임에 집착했던 행동들이 어떤 면에서는 '굳이 하지 않아도 될 걱정들이었구나'라고 깨닫는 계기를 마련해주었다.

나는 모든 카페에 '키워드 알림'을 모두 삭제했다. 그러고도 우리 업체는 여전히 일이 많았고, 우려할 만한 큰 사건도 일어나지 않았다. 이런 일들을 지켜보면서 그동안 노심초사하면서 알림을 확인했던 시간이 참 허탈하게 느껴지기도 했다.

업체가 나아가야 할 방향을 가장 잘 가르쳐주는 사람은 바로 '고객'이다. 조금은 까다로울 수도 있는 요구사항은 분명히 대중의 니즈를 반영한 목소리이기 때문에 이 요구사항을 조절하고 개선해 나간다면 업체는 멈춰 있지 않고 꾸준하게 발전될 것이다.

하지만 어느 정도 업체가 자리를 잡고 다수의 고객이 만족하고 있는 서비스에 대해 청소 이외의 것으로 딴지를 건다거나 실현 가능하지 않은 요구사항들을 바라는 고객의 목소리에 흔들릴 필요가 없다는 걸 시간이 갈수록 더 느끼게 되었다.

청소라는 직업은 '기준'이 참 모호하다. 기술적인 부분이라면 어떤 시공이 잘못되었고, 공산품이라면 불량의 기준이 뚜렷한 법인데, 청소는 그렇지 않다. 어떤 사람에게는 깨끗해보여도 어떤 사람은 한 개의 티끌도 용납하지 않는다. 결국 이 기준은 내가 잡아야 하는 것이다.

긍정적인 면을 더 많이 바라보고자 했던 이 '선택과 집중'을 통해 불필요한 곳에 에너지를 분산시키지 않고 더욱더 일에 집중할 수 있었고, 성격도 조금 더 단호하되 상냥하고 유연하게 바뀌었다. 또 부정적인 면보다 긍정적인 면에 더 집중해서 자만심이 아닌 자긍심을 키울 수 있었다.

자격지심을 자긍심으로

이 일을 하면서 입주 현장 관련해서 다양한 사장님들과의 인연을 만들 수 있었다. 청소일을 시작한 지 1년 정도 되었을 때 지역에서 업계 1위라 불리는 청소업체 사장님으로부터 얘기 많이 들었다며 한번 만나자고 연락이 왔다. 선망의 대상이었던 사장님과 알고 지내게 된 것만으로도 너무 황송하고 이 직종에서 성공한 것 같은 기분마저 들어 부푼 마음을 안고 사장님을 만나러 갔다.

50대 초반의 여자 사장님으로 청소업에 종사한 지는 10년 정도 되었다고 했다. 청소업으로 시작했지만 다른 품목을 접목해 다양한 품목을 전문적으로 시공하는 업체로 키우고, 공동구매 현장을 직접 주도하며 거의 대부분의 아파트에 공동구매도 이끌었다고 했다.

험하다면 험한 현장에 종사하는 남자 사장님들 사이에서도 전혀 위축되지 않고 빠른 판단력과 추진력으로 리더로서 손색없는 카리스마를 갖춘 멋진 분이었다. 한참 이야기를 나누는 와중에 그 사장님이 자신의 직업을 바라보는 시선이 너무 의외여서 적잖이 당황스러웠다. 자기는 이 일이 아주 부끄럽다고 아무렇지도 않게 말했다. 그리고 "친구들은 아직도 내가 어떤 일을 하는지 아는 사람이 없다"라고도 말했다.

비단 청소업뿐 아니라 다른 품목에서도 탑을 찍었고, 엄청난 수익을 내고 있는 데다가, 입주시장에 필요한 다양한 품목들의 사장님들이 우러러볼 만한 위치에 있고, 그렇게 자기 일에 자긍심을 가질 만한 충분한 상황임에도 말이다.

왜 이 직업을 가지고 있는 사람들은, 누구보다도 열심히 일하며 최선을 다하는 삶을 살고, 일에 대한 책임감도 충분한데 왜 대외적인 시선의 틀을 깨지 못하고 당당하지 못한지 나로서는 전혀 이해가 되지 않았다. 그리고 앞으로의 나의 모습에 대해서도 생각해보았다. 아무리 최선을 다해 일하고, 그 분야에서 전문가로 인정받고, 업계에서 손꼽히는 업체가 되었다 할지라도 내 직업에 당당하지 못할까. 못 배우고, 직업을 찾다가 할 게 없어서 종착지로 이 직업을 택했을 거라는 '청소'하는 사람에 대한 편견으로 나 스스로를 부끄러운 사람으로 대우하게 될까. 답은 '아니오'였다. 아무것도 모른 채 청소업을 시작했을 무렵 나 또한 편견 속에서 허우적대던 시기가 있었다. 사람들은 참 쉽게 판단하고 쉽게 말한다. 상냥한 목소리로 "너무 깨끗하게 잘해주셔서 감사해요"라고 웃으며 말하고 뒤돌아서면 내 귀에 다 들리도록 자기 아이에게 "너도 공부 안 하면 이렇게 힘든 일 하면서 살아야 된다"라고 말한다. 어리고 여자인데다 청소업을 하는, 그야말로 이름만 사장인 청소하는 여자를 대하는 사람들의 언행에서 묻어나는 멸시와 조소. 너무 많이 겪어서 아무렇지 않다고 느껴지기까지 하는 반복되는 무시. 면전에서 혹은 뒤에서 다 들리도록 대놓고 욕을 하는데 사람인 이상 아무렇지 않을 수가 있겠는가.

내가 처음에 업체를 시작했을 땐 청소 팀원이 겨우 2명뿐이었고, 월 소득도 유치원 교사보다 좀 더 벌 수 있으면 좋겠다고 생각했기 때문에 처음부터 큰 포부를 가지고 시작했다고는 할 수 없다. 하지만 입소문을 타면서 꾸준히 예약을 받기 시작하자, 이 일은 내가 열심히만 한다면 부지런히 일한 만큼의 수익을 충분히 낼 수 있는 직종임을 느꼈다. 그리고 하면 할수록 입주시장의 규모가 보이기 시작했고, 이 블루오션 시장에 작은 청소업체로 만족한다는 것 자체가 나 스스로 작은 우물에 갇혀 있기를 자처하는 꼴이라는 생각이 들기 시작했다.

제3자들의 눈에는 직함이 '사장'이라고는 하지만 내가 3D 직종에 종사한다는 이유만으로 자연스러운 멸시의 시선을 던지고 있었을지도 모르겠다. 그런 시선과 편견을 대놓고 드러내는 사람들은 늘 존재했기 때문에 신경이 쓰이긴 했지만, 어느 순간부터는 그런 거 신경 쓸 시간에 청소 방법을 하나 더 연구하는 게 낫겠다는 생각이 들었다. 그렇게 타인의 뾰족한 시선에 익숙해진 나는 이 일을 하면 할수록 더 큰 사업으로 발전할 수 있는 무한한 가능성을 발견하면서 설레했다. 이런 긍정적인 기운이 힘든 현장에서도 끊임없이 새로운 활력을 일으켜 열심히 일할 수 있는 원동력이 되어준 것 같다.

그렇게 나는 조금씩 남들의 편견 어린 시선에 휘둘리지 않는 사람이 되어가고 있었다. 육체적이나 정신적으로 힘든 일이지만 땀 흘려 일한 만큼의 대가를 얻을 수 있는, 머리 굴리지 않고, 요령 피우지 않고 현장에 나갔을 때는 그 어느 때보다 진정한 노동의 가치를 느낄 수 있는 직업임에는 한 치의 의심도 없었기 때문이다. 그리고 무시할 수 없는 부분은 수익 면에서도 굉장히 매력적인 직업이라는 것이다!

현장에서는 열심히 땀 흘려 일하고, 부족한 부분은 어떻게 해서든 보완하기 위해 다른 사장님들에게 물어보고, 인터넷을 뒤져 정보를 비교해가며 최적화된 방법을 찾아냈다. 내부적으로는 함께 일하는 팀원들을 독려하고, 외부적으로는 점점 더 인지도가 커가고 입소문이 나기 시작하면서 조금씩 내 안에서 키워진 자긍심과 당당함이 주변 시선에 휘둘리지 않도록 중심을 잡게 해주었다.

순수하고 열정적인 노동의 가치를 모르는 사람들, 그들이 사람과 직업을 판단하는 기준인 경제적 가치로 본다면, 내가 얼마를 버는지 모르는 사람들의 교만한 태도. 씁쓸하게도 나중에 내가 얼마 정도를 버는지 알게 된 사람들은 나를 대하는 태도가 확 바뀌기도 하는 걸 보면서 그런 것에 휘둘릴 필요가 전혀 없음을 스스로 느끼기 시작했다. 나의 문제가 아닌 편견에 가득 찬 그들의 문제였기 때문에 그런 일로 더 이상 상처받지 않기로 했다.

직업에 귀천은 없다지만 현실에서는 분명히 존재한다. 우리는 곧잘 세상이 정해놓은 잣대로 직업을 평가하곤 하기 때문이다. 그렇다면 직업이 귀하고 천하고를 가리는 기준은 무엇일까.

내가 이 일을 하면서 계속해서 느낀 건 '특정 직업의 가치를 결정하고 평가를 내리는 건, 다른 사람들이 아니라 바로 그 직업에 종사하는 사람이어야 한다'이다. 인생은 멀리서 보면 희극이지만 가까이서 보면 비극이라는 말이 있다. 반대로 나는 어떤 마인드로 일을 하는지에 따라, 멀리서 봤을 때는 비극처럼 보이는 일을 할지라도, 내게는 희극일 수도 있다는 걸 몸소 느끼게 되었다. 나는 청소업에 종사하면서 '청소'라는 직업에 대한 매력을 충분히 느꼈고, 이제는 나 스스로 그 어느 직업보다 귀한 직업이라고 생각하게 되었다.

오랜 현장의 노하우로 숙련된 기술을 가지고, 유연하면서도 단호함을 갖추고, 힘든 노동을 척척 해내는 현장에서 아직도 뜨거운 땀을 흘리는 선배님들을 볼 때면 정말 멋있게 느껴지고 존경심이 우러나온다. 이런 분들이 세상의 편견만으로 자신의 직업을 스스로 비하할 필요는 절대로 없다고 생각한다. 청소일을 하는 모든 분들이 스스로 자부심을 가지고 당당해지길 바라는 마음이다.

지금 학원에서 새로운 꿈을 키우는 훈련생들에게도 똑같은 말을 해준다. 누가 당신을 어떤 식으로 비난하든지, 그건 그들의 문제지 나의 문제는 아니라고. 나 스스로 당당하고 자긍심을 가진다면 그 누구도 당신을 비난할 자격은 없다고. 그리고 언제 어디서나 빛나는 사람이 되기를 소망한다고.

2장

달콤쌉싸름한 청소현장 이야기

직원 교육 좀 잘 시키세요!

"거기 ○○○○청소업체 맞아요?"

"네 맞습니다."

"혹시 거기 오늘 ○○아파트 청소하러 온 거 맞죠!"

"아, 네 맞아요. 왜 그러시죠?"

이때까지만 해도 차에 붙어져 있는 업체 홍보지를 보고 예약전화를 하려는지 알았다. 그런데 그 사람은 다짜고짜 이렇게 말했다.

"직원 교육 좀 잘 시키세요!"

우리가 가지고 다니는 장비는 청소기 3대, 장비를 담은 통 3

개, 다양한 약품과 의자 여러 개를 뒤집어 그 안에 빗자루와 바닥 밀대 등을 여러 개 넣어 다닌다. 팀원이 3명 타고 짐이 가득 찬 카트가 실리면 엘리베이터 안은 많이 비좁아진다. 여기에 두세 명 정도가 더 타면 엘리베이터는 발 디딜 틈 하나 없는 만원이 된다. 그날도 여느 날처럼 청소를 마치고 나와 엘리베이터를 기다리고 있었다. 엘리베이터를 기다릴 때부터 옆에 입주민이 서 있었다. 엘리베이터가 도착하자 우리는 지체할 시간 없이 빨리 짐 카트부터 최대한 안쪽으로 붙이고 그분이 탈 수 있는 공간을 넉넉하게 만들기 위해 벽 쪽에 바짝 붙어 섰다. 엘리베이터가 지하 1층에 도착하자 입주민이 먼저 내린 다음에 서둘러 짐들을 내렸다.

그런데 집으로 돌아가는 차 안에서 핸드폰이 울렸다. 보통 집으로 가는 길에 전화가 오면 대부분은 A/S 요청이었지만 오늘은 전체적인 청소나 고객과 검수를 할 때도 빠뜨린 부분도 없고 별다른 문제가 없어서 의아해하며 전화를 받았다. 그런데 우리에게 청소 서비스를 받은 고객이 아닌 다른 모르는 사람이 대뜸 직원 교육을 잘 시키라니 좀 황당해서 물었다.

"아. 저희 고객님은 아니신 것 같은데, 저희 직원이랑 어떤 일이 있었기에 교육을 잘 시키라는 건지요?"

"아니! 여기 엘리베이터는 입주민 전용인데, 입주민이 뻔히 엘리베이터를 기다리고 있으면 다음 엘리베이터를 타든지 해야지. 짐이랑 가득 실어놔서 엘리베이터 타기도 힘들었는데, 땀 냄새도 너무 많이 나고 더러운 청소 밀대에 옷이 스쳤잖아요!"라고 말하는 것이다.

평소에 정말 다양한 사람을 만날 수밖에 없는 직업이라 이제는 웬만한 사람 다 겪어봤다고 생각했는데 늘 새로운 인간상을 만날 때면 적잖이 당황스럽다. "아. 네, 죄송합니다"라고 말할 때도 됐는데, 이건 청소 자체에 문제점을 제기하는 것도 아니고 생각지도 못한 부분이어서 평소에 열심히 갈고 닦았던 참을 '인'자가 살짝 흔들렸다. 옷이 스쳤는지는 기억도 나지 않았고, 만약 이렇게 따질 일이었으면 그때 말하지 왜 이제와서 전화를 하는지, 그리고 그 당시에 내가 그 현장에 없었으면 모르겠지만 나도 그 상황을 너무 잘 알고 있었기 때문에 더 황당했다. 아마도 사장인 나는 당연히 현장에 없었을 거라고 생각하는 것 같았다.

언제부터 아파트의 엘리베이터가 입주민만을 위한 엘리베이터였던가! 냄새가 불쾌했고 청소장비가 지저분하게 느껴졌으면 자기가 다음 엘리베이터를 타면 될 일 아닌가! 화도 나고 황당함이 밀려왔지만 최대한 침착하게 심호흡을 한 뒤 담담하게 말했다. "아, 그러셨군요. 지금 7월이라 이런 더운 날씨에 현장에서 일하다 보면 땀 흘리는 건 당연한 일인데, 어쨌든 저희 직원들의 땀 냄새로 인해 불쾌감을 느끼셨다면 죄송하네요. 그리고 제가 청소 수년간하면서 수십 개의 아파트를 다녀봤지만, 엘리베이터가 입주민 전용이라는 말은 처음 들어요. 그래도 옷이 스쳐서 지저분해졌다니 죄송합니다. 다음부터 각별히 주의하라고 전하겠습니다."

이런 사람과 말할 땐 늘 같이 쓰레기통에서 뒹굴지 않도록 조심해야 하고, 괜히 말이 길어져서는 안 된다는 것을 경험을 통해 알고 있기 때문에 할 말은 하되 '죄송하다'라는 말을 강조하며 말을 끝냈다. 핸드폰 너머로 잠시 정적이 흐르더니, 이제 자신이 우위에 있다고 확인한 여자는 계속해서 말했다. "아직 입주 기간이라 우리 아파트에서 청소 또 들어올지도 모르는데 이런 식으로 일하시면 곤란해요. 우리 아파트는 다른 아파트보다 입주자 카페도 굉장히 활성화되어 있고, 제가 사장님 업체 이런 식으로 한다고 글 올리면 사장님 우리 아파트에서는 이제 일 못해요. 앞으로 잘하세요!" 나는 다시 한번 심호흡을 하며 "아. 네, 앞으로 주의할게요"라고 말하고 전화를 끊었다.

우리가 청소를 잘 못해서 불만을 제기했으면 받아들일 건 받아들이고 잘못한 부분에 있어서는 당연히 A/S를 하지만, 이

건 뭐 입주민을 갑으로 모시지 않은 것에 대해 사과를 해야 할 판이니 집에 돌아가는 길 내내 기분이 착잡했다.

'한 인간의 인격을 시험해보려면 그에게 권력을 줘보라'라는 링컨의 명언이 있다. 나와 다른 곳에서 다른 상황으로 만났으면 절대로 나에게 함부로 대하지 못할 사람들. 그들은 권력을 가지지도 않았지만 (자신은 권력을 가졌다고 생각할지도 모르겠다) 그들의 판단으로 내가 가장 밑바닥에 속하는 인간군상일 때 그들은 그렇게 자신들의 부끄러운 인격을 드러낸다. 강자에게 한없이 약하고 약자에겐 강한 사람들.

청소를 잘 마무리하고 가는 길에 생각지도 못한 복병으로 불쾌함까지 더해지니 집으로 향하는 발걸음이 더욱 무겁게 느껴졌다. 화도 나고 짜증도 나고 이 핑계로 '팀원들이랑 소주나 한 잔하고 들어갈까' 하는 생각도 들었지만 집에 도착하기도 전에 마음이 가라앉았다. 오히려 그 사람의 저열한 인격이 안쓰럽게 느껴졌다.

처음엔 억울하고 이런 대우를 받으며 일을 계속해야 하나 생각한 적도 있었다. 하지만 다시 생각해보면 나는 이 직업을 가지면서 어쩌면 보지 못했을 사람들의 이면의 모습들을 봤고, 경험하지 못했던 것을 아주 많이 경험하고 깨닫고 스스로 성찰할 수 있는 배움의 기회를 가지게 되었다. 어쩌면 나 또한 무의식 속에 가지고 있었던 다른 직업에 대한 편견, 배우지 못하고 할 게 없어서 이런 지저분하고 힘든 일을 할 것이라는 선입견이 있었을지 모른다. 그 생각들이 얼마나 오만한 편견이었는지 이 일을 하면서 똑똑히 깨닫게 되었다. 그렇게 또 나의 직업과 인간관계에 대한 성찰의 뿌리는 잔가지를 하나 더 내어 바닥에 비집고 들어가 단단하게 자리 잡아 나가고 있었다.

내가 안 쓴다고 했지!

이 이야기는 업체를 그만둬야 되나 생각이 들 만큼 나를 힘들게 했던 고객에 관한 에피소드다. 공동구매 현장(아파트 입주를 앞두고 잘하는 입주 품목 업체들을 여러 군데 선정해 입주민들에게 다양한 서비스와 가격 면에서 많은 혜택을 제공해주는 박람회)에 참여하게 되면 초반 이미지가 가장 중요하다. 아직 업체에 대한 정보가 없는 고객들에게 초반에 시공한 집들의 후기로 업체의 시공 능력이 판가름 나기 때문에 그만큼 더 신경 써서 일하게 된다.

물론 언제나 한 집 한 집 최선을 다하고 있지만, 그야말로 사람이 하는 일이라 어떤 실수가 생길지 모르기 때문에 청소 및 그 이외 품목들의 기본적인 퀄리티는 기본이고 팀원 관리에도 힘쓰고 고객에게도 최대한 강단 있되 예의 있게 행동해야 한다.

항상 공동구매에서 제일 시끄러운 품목이 청소 품목이다. 처음부터 끝까지 사람이 하는 일이라 클레임이 발생할 수밖에 없고, 준비되지 않은 업체들이 멋모르고 공동구매에 참여했다가 뭇매를 맞고 사라지기도 하기 때문이다.

입주율이 높은 아파트를 기준으로 1000세대 중 70~80퍼센트의 세대가 2~3개월 안에 모두 입주를 앞두고 있기 때문에 이사할 때 꼭 필요한 필수 품목들에 관심이 많다. 또 입주자 카페를 통해서 업체들의 정보에 대해 세세한 부분까지 공유를 하기 때문에, 공동구매에 들어가는 것은 고수익을 낼 수 있는 현장이다. 그렇지만 그만큼 살얼음판을 걷는 것처럼 예민해져야 하고 진상고객을 잘못 만나면 한순간에 업체의 이미지가 추락할 수도 있는 현장이라 양날의 칼이라고 할 수 있다.

Y시에 있는 한 아파트 공동구매 현장이었다. 해당 아파트 3차 입주자가 대상이었는데, 1000세대가 넘는 2차 아파트 현장에서 우리 업체가 굉장히 잘한다는 소문을 들은 3차 입대위(입주자대표회의) 대표님이 개인적으로 3차에도 꼭 들어와 달라고 부탁을 했다. 같은 지역이 아니었기에 팀원들을 데리고 매일

장거리 출퇴근하기가 버거웠던 나는 '말씀은 너무 감사하지만 사정상 힘들다'라고 정중히 거절했지만 계속 권유하는 바람에 그 당시 Y시에 입주청소업체로서는 최고가인 평당 1만 원에 공동구매로 참가하게 되었다.

당시 공동구매 청소 가격이 평당 8000~9000원이었던 것을 감안하면 파격적인 조건이었다. 그래서 참여하는 데 있어서의 책임감도 만만치 않았다. 2차보다 조금 더 높은 금액을 받는 대신 더 책임감 있게 서비스를 제공해야 했다.

7월이었던 걸로 기억한다. 대기는 찜솥 위에 올라앉아 있는 듯 푹푹 쪘고, 온도계는 38도로 치솟아 있었다. 가만히 서 있기만 해도 땀이 줄줄 흐르는 날씨였다. 당일 검수가 원칙이지만 그날 고객이 일이 생겨 저녁에 가서 확인하겠다고 해서 검수를 하지 못하고 퇴실했다. 그날 나는 다른 일이 있어서 현장에 가지 못했기 때문에 팀장에게 마무리 잘하고 올라오라고 말했다. 책임감 있게 제일 잘하는 팀이었고 문제가 됐던 적은 없었기 때문에 당연히 잘 마무리했을 거라고 생각하고 잊고 있었다.

그런데 그날 저녁 문자메시지가 울리기 시작했다. 몇 장의 사진과 정말 실망스럽다는 메시지가 와 있었다. 사진으로 확인한 결과 내 눈으로 봐도 확실히 미흡한 부분이 확인되어서 나는 바로 전화를 했다. 일단 입주를 앞두고 마음 쓰이게 해서 너무 죄송하다고 사과하고 내일 오전에 바로 방문해서 다시 깨끗하게 마무리할 것을 약속했다. 청소라는 직종은 A/S가 불가피한 직업이기 때문에 이런 일에 일일이 스트레스를 받게 되면 지속적으로 일하기 힘들다. 물론 나도 처음에는 신경도 쓰이고 스트레스도 많이 받았지만 100이면 100 모든 고객들을 만족시킬 수 없다는 것을 깨닫고, 사람이 하는 이상 실수는 어디서든 발생할 수 있다는 점을 인지하고 어느 정도 마음을 내려놓을 수 있었다.

클레임의 발생 그 자체가 문제가 아니라 고객이 클레임을 걸었을 때 어떻게 대처하고 서비스하느냐가 그 업체가 얼마나 책임감 있고 실력 있는 업체라는 것을 증명할 수 있는 거라고 생각한다.

그 고객은 새벽까지 1시간 간격으로 사진을 보내왔다. 물론 잘못한 것은 맞지만 실수한 부분을 인정하고 다시 하겠다고 했는데, 이쯤 되면 그냥 사람을 괴롭히겠다는 행동으로밖에 보이지 않았다. 그렇게 밤을 꼬박 새우고 안 그래도 더운 날씨 때문에 체력적으로 지쳐 있는 팀원들에게 얼른 하고 나오자며 격려하면서 현장으로 갔다.

보통 A/S가 발생하면 팀장이 혼자 다시 가서 금방 마무리하고 나오는데, 예민한 고객이 보기에 그런 모습은 무성의하다고 생각할 것 같아서 그냥 팀원 3명을 데리고 들어갔다. 그리고 3시간 동안 집안 모든 곳을 다시 청소했다. 그 고객은 맨발로 싱크대 상판 위에서 돌아다니며 "다시! 다시! 다시!"라고 소리치고 틈새에 끼어 있는 먼지 하나까지 다시 닦으라고 소리쳤다.

솔직히 살면서 그런 부류의 사람을 처음 만났을 뿐더러 더운 날씨와 긴장감 속에서 현실성이 떨어지는 비인격적인 사람과 같은 공간에 있으니 머리가 핑 돌았다. 더 이상은 할 것이 없어서 팀원들을 먼저 내보내고 고객과 대화를 나누었다. "여러 번 말씀드린 것처럼 어제 청소가 미흡한 부분은 정말 죄송하다. 오늘 이렇게 팀원들이 다시 와서 전체 청소를 마무리해 드렸으니 저희가 실수한 부분은 양해 부탁드린다"라고 했더니 알았다며 어쨌든 더운 날씨에 수고 많았다고 해서 정중히 인사하고 나왔다. 결국 팀원 중 2명이 더운 날씨에 긴장하며 청소한 탓에 일사병으로 쓰러졌다. 그날 나는 이제 청소업을 그만둬야 하는 날이 왔다고 생각했다. 그리고 힘들어하는 팀원들을 먼저 보내고 남은 팀원들과 그날 해야 할 일을 마무리하기 위해 밤 11시까지 현장에서 일했다.

그런데 그날 밤에 그 고객에게서 또 문자가 왔다. 자기는 이 청소가 평당 1만 원짜리 청소라고 생각되지 않는다. 그래서 자기는 청소비의 반만 내겠다고 하는 것이다. 그때는 이미 우리가 제공한 서비스의 품질과 대가는 차치하고라도 스트레스를 많이 받으면 다른 일들에까지 피해가 갈 것 같아서 그저 한시라도 빨리 이 사람과의 관계를 마무리 짓고 싶었다. 그래서 "고객님이 그렇게 생각하신다면 어쩔 수는 없지만 저희 업체는 처음의 실수는 인정했고 죄송하다고도 사과했고 저희가 해드릴 수 있는 최선의 청소 서비스를 제공했다"라고 나의 입장을 다시 한번 말했다. 이차저차 따지는 것도 이제 지쳐서 금액은 청소비의 반만 받았다. 그렇게 한시라도 빨리 그 일은 잊어버리고 남아 있는 예약 건에 집중하고 싶었다.

그렇게 한시름 놓고 있었는데, 그날 아파트 입주자 카페에는 그 사람이 작성한 글이 인기글로 떡하니 올라와 있었다. 최초에 실수했던 부분을 부각해놓은 사진들을 올려놓고 이런 업체가 어떻게 공동구매 업체로 선정되었는지 모르겠다며 입대위까지 비난하고 다른 분들은 이런 피해를 보지 말라며 욕을 한 바가지 적어 놓았다.

순간 눈앞이 아찔했다. 최초의 실수는 우리의 잘못이 맞다. 하지만 실수에 대해 거듭 사과하고 할 수 있는 최대한의 서비스를 제공하고 거기에 더불어 청소비용까지 반밖에 받지 못한 입장에서 이건 정말 부당하고 억울하다고 느낄 수밖에 없었다.

당황한 마음에 그 고객에게 전화했다. '저희가 고객님이 겪으신 불편에 상응하는 보상과 서비스를 최대한 제공해드렸고 고객님도 분명히 알았다고 수고하셨다고 말하지 않았냐. 그리고 약속했던 금액의 반을 받은 건 그것으로 서로의 합의는 끝난 것 아니냐. 이런 글이 올라오면 저희 업체는 선입견으로 현장에서 일하는 것 자체가 너무 힘들고 계속해서 피해를 볼 수밖에 없으니 글을 좀 내려주셨으면 한다"라고 부탁했다. 그런데 그 사람은 "그건 당신네들이 먼저 실수한 거고 나는 이런 사실을 입주민들과 공유해야 한다고 생각한다"라고 당당하게 말하고 전화를 끊어버렸다.

상황이 이렇게 되자 내 선에서 해결할 수 없는 상대를 만났다는 생각이 들었다. 그래서 입대위 대표님에게 연락해서 부끄럽고 죄송스럽지만 부탁했다. '입주민과 잘 말씀하시고 글을 삭제해주셨으면 한다고.'

내 말을 듣고 그 고객과 통화한 대표님은 통화해보니 어떤 사람인지 대충 느낌이 온다며 마음고생 많았겠다고 위로해주셨다. 그리고 해당 글은 삭제해주기로 했다고 말했다. 그렇게 그 글은 지워졌다. 그리고 그다음 날이었다. 어제와 토씨 하나 다르지 않은 똑같은 글이 올라왔다. 그 사람의 아내 명의로 보이는 아이디(입주민들은 닉네임 앞에 동호수를 붙인다)로 똑같은 글을 올린 것이다. 그 상황을 보고 있자니 아연실색할 수밖에 없었다. 보고도 믿을 수 없었다. 그야말로 어떻게 이렇게까지 할 수 있을까라는 생각밖에 들지 않았다. 그 글은 나보다 대표님이 먼저 발견했고, 너무 어이가 없었던 대표님은 그 사람에게 다시 전화해서 왜 글을 다시 올렸냐고 물어보니, 이렇게 말했다고 했다. "내가 안 올린다고 했지, 내 아내가 안 올린다고는 안 했잖아요!"

더 황당한 건 몇몇 사람이 '우리도 그 부분은 별로였다'라고 댓글을 단 것이었다. 눈앞이 캄캄해졌다. 그래도 다행히 대부분의 댓글은 '우리 집은 아주 만족했다', '너무 친절하셨고 이제 청소는 무조건 여기 맡길 거다', '너무 만족해서 소개도 많이 했는데 다들 만족하셨다'라는 내용이어서 마녀사냥은 피할 수 있었다. 그 와중에 그 부부는 댓글마다 '우리가 혼 좀 내봤더니 이제 정신 차렸나 보네요' 등의 댓글을 열심히도 달고 있었다. 그렇게 자신들의 인격을 그대로 드러내고 있는 모습을 보니 처참하기까지 했다. '후안무치'라는 말은 이럴 때 쓰는 말이 아닐까.

그런 식으로 모든 서비스를 다 제공받아 놓고도 청소 대금은 자기 마음대로 반박에 지불하지 않았던 정황에 대한 글이라도 올리고 싶은 심정이었다. 이쯤 되면 이건 정상적인 대화로 상대할 수 없는 대상이라는 생각이 들었다. 더운 날씨에 팀원들은 스트레스와 더위로 허덕이고, 그 한 집으로 인해 팀의 사기는 점점 떨어지고 나는 사람에 대한 환멸이 느껴지면서 이 일을 그만해야겠다는 생각까지 했다. 하지만 업체는 늘 고객 앞에서 을이 될 수밖에 없다. 아무리 별난 입주민이라 해도 팔은 안으로 굽는 법. 업체가 입주민을 상대로 분란을 일으킬 수는 없는 노릇이었다. 또한 공동구매 현장에 계속 참여하려면 '입주민과 싸웠던 업체'라는 주홍글씨는 되도록이면 피해야만 했다.

생각보다 큰 타격이 있을 줄 알았지만 실제로는 그 글로 인해 두세 건 정도의 예약만 취소되었고, 글을 본 입주민들은 오히려 '사장님 마음고생 많으시겠더라', '우리 옆집도 너무 잘해주셔서 저도 여기 맡겼다. 이렇게 잘해주시는데 그런 욕까지 먹고 너무 힘드시겠다'라며 위로해주기도 했다. 좋은 사람들은 늘 이렇게나 많은데 멘탈을 흔들어놓는 건 꼭 한 명이다. 그리고 이번엔 정말 멘탈이 나갈 정도로 강력한 상대를 만나버렸고.

어쨌든 나는 우리 업체를 경험해보지도 않고 누군가의 말만으로 이상한 업체라 낙인찍히도록 내버려둘 수는 없었다. 기존의 청소업체와는 다른 전문성과 서비스와 책임감으로 스스로 늘 최선을 다하는 업체라는 자긍심에 이런 일 하나로 억울하게 흠집을 낼 수는 없었다. 앞으로 다른 공동구매 현장에 못 들어가게 되더라도 우리 업체의 명예는 회복해야겠다는 생각을 했다

업체명을 노출시키지는 않았지만 누가 봐도 우리 업체임을 알 수 있는 상세한 설명으로 적어놓은 글은 사이버수사대에 의뢰해서 우리가 피해본 만큼 그 사람을 고소할 수 있었다. 지인인 경찰에게 물어봐서 이런 경우 업체에서 할 수 있는 모든 것에 대해서 말해 달라고 했다. 그리고 실제로 고소를 해야겠다고 마음먹었다. 알아보니 누가 봐도 그 업체임을 알 수 있는 표현이나 업체명을 노출시킨 경우에는 1회당 50만 원에서 300만 원까지 벌금이 나올 수 있고, 그것으로 피해본 금액을 증명할 수 있다면 모두 다 청구할 수 있다는 대략적인 말을 들을 수 있었다.

상황은 이렇게 돌아갔고, 그 사람을 고소하기 전에 입대위 대표에게는 미리 상황을 말했다. 대표님은 입장은 충분히 이해하지만 그래도 공동구매 업체가 입주민을 고소했다는 사실이 밝혀지면 입대위 쪽에서도 좋을 게 없다고 자신이 한 번 더

중재를 해보겠다고 말했다. 그리고 입대위 대표가 그 고객에게 전화해서 '당신이 지불해야 할 벌금만 몇 백만 원에 달한다'라고 말하자 우리 업체를 비난하던 글은 순식간에 사라졌다. 평당 1만 원의 청소 대금도 너무너무 아까웠던 그 사람에게 제일 무서운 것은 결국 '돈'이었다.

중심잡기

지난 토요일 이사를 앞두고 입주청소를 맡겼습니다.
집 상태가 그리 나쁘지는 않았지만 요즘은 업체에 맡기면 전문적인 기계들을 가지고 와서 꼼꼼하게 잘해준다기에 여기저기 알아보고 가격 면에서도 합리적이고 괜찮은 곳으로 예약을 했습니다.
그리고 금요일에 문을 열어주러 가니 저희 엄마뻘 되는 세 분이 와 계시더라고요.
처음엔 좀 젊은 사람이었으면 좋겠다고 생각했는데 그래도 오래 하셨으면 잘해주시겠거니 하고 음료수와 빵도 사다 드리고 집으로 돌아왔습니다.

오후 3시경에 청소가 다 되었다고 오라기에 가서 봤더니 정말 어이가 없더군요.

저 그렇게 예민한 사람 아닙니다. 그런데 이건 해도 해도 너무 하더라고요.

여기 사진 몇 장 올린 건 정말 빙산의 일각입니다.

이런 식으로 일해 놓고 제가 조금 더 손봐 달라 하니 몇 군데 해 주시다가 툴툴거리며 짜증을 내시던데 정말 머리끝까지 화가 나는 걸 겨우 참았네요.

마음 같아서는 정말 10원 하나도 주고 싶지 않았으나 이런 업체를 고른 내 잘못이지 하며 돈을 다 드렸습니다.

돈 받고는 바로 쌩하고 가버리던데, 이사 앞두고 정말 마음 상했습니다.

신랑이랑 새벽 3시까지 전체 다 다시 청소했네요.

이런 업체는 사라지는 게 맞는 거 같아요.

혹시 저 같은 피해가 없길 바라는 마음에서 글 올립니다.

남구 쪽에 〈ㅈㅅ클린〉이라는 곳이에요!

이 글은 내가 언젠가 카페에서 본 글을 각색한 것이다. 활동하는 온라인 카페가 있다면 한 번쯤은 이런 글을 본 적이 있을지도 모르겠다. 단지 입주청소뿐 아니라 다양한 서비스 분야에서 서비스를 맡기고 자기의 기준에 맞지 않는 서비스를 받았다고 생각한 '고객님'들은 이런 식으로 엄청난 파급력을 자랑하는 온라인 공간에서 익명이라는 가면을 쓰고 그 업체를 비방한다.

이 글을 본 사람이라면 '아, 나도 남구 쪽에 저 입주청소업체는 기억해놨다가 걸러야지' 하는 마음이 들 것이다. 물론 억울한 부분이 있었을 수도 있다. 하지만 업체에 A/S를 요청해서 충분히 처리할 수 있는 일들에 대해서도 과잉반응을 보이는 몇몇의 고객들 때문에 업체 사장님들은 항상 살얼음판을 걷는 기분으로 고객을 상대한다.

사람들은 한쪽의 말만 듣고 판단한다. 업체의 입장에서 생각하는 사람은 많지 않다. 같은 '고객'의 입장에서 이런 업체는 걸러야겠다는 생각만 하게 되는 것이다. 왜 사람들은 세상에 다양하고 수많은 사람이 존재한다는 것을 알면서도 나쁜 사람들은 꼭 업체 쪽일 것이라고 생각하는 것일까.

내 주변에는 기본적인 실력과 언제라도 달려갈 수 있는 책임감 있고, 고객응대도 잘하는, 오랫동안 업체를 운영하고 있는 사장님들이 많다. 그런 분들도 꼭 주기적으로 흔히들 말하는 '진상 고객'들을 만난다. 객관적으로 보면 서비스에는 아무런 문제가 없고 가격도 합의된 가격이다. 하지만 이런 고객들은 그저 물고 늘어진다. '서비스가 마음에 안 들고, 결과물이 좋지 않다. 그러니 나는 이 가격을 지불할 수 없다'라고 말한다. 여기에 제일 취약한 품목이 청소다.

사람들은 청소는 누구든지 할 수 있고, 전문적인 기술이 필요 없다고 생각한다. 규격화되어 만들어지는 공산품도 아니고 사람의 손을 거친 후에 깨끗해져 있는 공간이라 할지라도 틈은 있기 마련이고, 그렇게 하나하나 걸고넘어지면 청소업을 할 수 있는, 아니 버텨낼 수 있는 사람은 없을 것이다. 몸이 힘든 것보다 정신적인 고통이 커지면 일을 지속할 수 있는 에너지가 소진되어 버린다.

업체를 운영하면서 내가 느낀 것은 이러한 진상 고객들은 하나같이 청소하는 사람들을 하대한다는 것이다. 그러면서 자신은 예민하지도 않고 사람들에게 음료수도 사다 주는 교양을 가진 대인배라고 여긴다. 그리고 청소 팀원 3명이, 다양한 도구와 약품, 깨끗이 세척된 몇십 장의 걸레를 준비해서 7시간 동안 열심히 청소했음에도 30만 원이 아깝다고 생각한다. 청소하는 사람들은 마음대로 부려도 되는 사람이라고 생각하고, 할 것 없고 배운 거 없어서 청소하는 거 아니냐고 은근슬쩍 비꼬면서 서비스는 백화점 VIP 수준의 서비스를 내놓으라고 갑질을 한다.

나 또한 여러 해 업체를 운영해왔고 여러 팀이 나누어서 많게는 하루에 6~8세대의 청소를 진행했고, 고객을 상대하는 검수는 웬만하면 직접 했기 때문에 정말 수많은 고객을 만날 수밖에 없었다. 그때마다 정말 청소 마무리가 잘 안 되었을까? 아니다. 전체적으로 두세 번을 더 닦고, 인력으로 할 수 있을 만큼의 최대한의 서비스를 제공하기 위해 늘 노력했다. 먼지가 계속 내려앉는다며 다시 닦으라고 해서 한 집에 세 번을 불려간 적도 있고, 세월에 마모되어 벗겨진 수도꼭지의 크롬 도금을 깨끗하게 만들어 놓으라고 요구하고, 검수하는 데 자기 아이들이 따라다니면서 흘린 과자 조각까지 치우라고 하는 경우도 있었다. 또 자신의 파마머리에서 끊임없이 떨어지는 머리카락들을 다 쓸어놓고 가라는 경우도 있었다. 중요한 것은 부모가 상대를 하대하면 아이들도 따라 한다는 것이다. 구석구석 같이 살피면서 "이거 다시 닦아요!" 하면서 청소 팀원들에게 손가락질하며 지시한다. 그럴 때면 억장이 무너진다. 그쯤 되면 팀원들의 인권은 내가 지켜줘야 한다. 열심히 따라다니며 수없이 같은 곳을 닦고 있는 팀원들을 다 내보내고 처음부터 끝까지 우리가 어떤 식으로 청소했는지 설명하고 청소업체에서 할 수 있는 기준에 대해 설명하고 더 이상 요구하는 것은 할 수 없다는 것을 설명해준다.

하지만 이런 사람들은 대부분 상대방의 말을 듣지 않는다. 결국은 돈이다. 이 사람들은 처음부터 청소의 퀄리티와는 상관없이 돈을 제대로 지불할 의사가 없는 것이다. 경험상 계속해서 트집을 잡고 잔금을 치르지 않는 사람들은 대개 돈이 목적이다. 이런 사람들은 현장을 방문해서 제대로 A/S를 해준다고 말해도 오지 말라고 한다. 현장에서 발생하는 A/S의 경우 거의 10분 내외로 마무리가 되는데 A/S를 받아버리면 청소비를 깎을 수 있는 명분이 없어지기 때문에 아예 오지 말라고 하는 것이다.

이런 일이 반복되다 보니 이제는 경험상 시간을 끌어봐야 정신적인 스트레스만 더 지속될 것 같아 적당히 마무리한다. 중요한 것은 이런 사람들은 한 업체에서 끌어낼 수 있는 최대의 서비스를 제공받고 돈도 제대로 지불하지 않았으면서 다른 사람들에게 그 업체는 별로라고까지 말하고 다닌다는 것이다.

처음 이런 일을 당할 때는 분해서 잠도 제대로 자지 못했다. 그리고 그런 사람들의 말을 듣고 업체의 이미지가 나빠질까 두려웠고 우리가 정말 그 사람이 말한 것처럼 제대로 못하는 업체일까 의심도 했다. 어떤 부분에서 변화를 주고 얼마큼 더 열심히 해야 할까도 수없이 고뇌했다. 하지만 이제는 그 기준이 어느 정도는 서게 되었다. 내가 흔들림 없는 기준점을 가질 때 팀원들도 인격모독의 상황까지 가지 않고 지켜낼 수 있고, 예민하고 요구사항이 상식을 벗어난 고객들을 오래 상대하면 할수록 나만 진이 빠지기 때문에 그 정도 돈은 버린다고 생각하고 빨리 해결해 버린다. 자꾸 이런 말만 쓰다 보니 두려워서 이 직업을 가지지 못하겠다는 마음이 들 수도 있을 것 같지만, 이런 진상들은 100에 하나나 둘 정도 있다고 보면 될 것 같다.

대부분의 고객들은 최선을 다한 것을 알고 감사인사를 하고, 또다시 지인들에게 추천해준다. 이런 사람들 때문에 일에 보람을 느끼고, 고된 하루를 보람차게 마무리하며 또 내일을 살아가게 되는 것이다.

귀신 나오는 아파트

청소할 때 날씨는 아주 중요하다. 해가 너무 강한 여름날에는 창문에 붙어서 청소를 해야 하기 때문에 햇볕이 너무 따가워 캡 모자를 쓰거나 팔토시를 착용해야 하고, 너무 추운 겨울에 높은 층의 아파트를 청소하다 보면 코끝이 시리다 못해 얼어버릴 것 같은 차가운 칼바람에 눈뜨기조차 힘들 때도 있다.

그날은 가랑비가 부슬부슬 내리는 초여름이었다. 너무 세게 몰아치는 비가 아니라 이 정도 가랑비는 오히려 창틀의 묵은 때들을 적당히 불려주고, 서늘한 공기는 청소하기에 딱 알맞은 온도로 맞춰주기 때문에, 청소하기에는 굉장히 적합한 날씨였다. 기분 좋게 내리는 빗소리를 음악 삼아 청소현장에 도착했다.

3명이 한 팀으로 이루어진 우리는 보통 같은 차를 타고 이동하지만, 그 현장 근처에 사는 M언니가 자기는 가까우니까 바로 가겠다고 해서 나와 S만 먼저 도착했다. 지하주차장에 차를 주차하고, 청소장비를 실은 후 엘리베이터를 타고 현장에 도착했다. 늘 현장에 도착해서 가장 먼저 해야 하는 일은 집 전체를 살펴보는 일이다. 특별한 부분은 없는지, 구조는 어떻게 생겼는지, 심하게 오염되거나 파손된 부분을 확인하고, 고객과 추가금이 발생할 부분에 대해 상의해야 하기 때문이다.

집에 들어서자마자 전체 등을 켰다. 비 오는 날이라 불을 켜면 실내가 더 밝아야 마땅한데 희한하게 집 전체가 어둡게 느껴졌다. "이 집은 LED로 바꿔야겠다"고 팀원들과 이야기하며 거실로 들어선 순간, 형광등이 깜빡깜빡하더니 '팟' 하는 소리와 함께 주방등이 순식간에 꺼졌다. 밝은 빛에서 얼룩을 확인하고 구석구석 청소해야 하는데 비가 와서 어둑어둑한 실내에 전등까지 고장났으니 참으로 난감한 상황이었다.

바로 고객에게 전화해서 상황을 알리니, 곧 형광등을 사서 오겠다고 했다. 그래서 우리는 그럼 다른 곳부터 청소를 하겠다고 말하고 전화를 끊었다. 그리고 집 이곳저곳을 둘러보면서 날씨 탓인지, 불이 꺼져서인지 으스스함을 느끼던 나는 "이

집 왠지 귀신 나올 것 같아"라는 농담 섞인 말을 했다.

영화에서 보면 음기가 강한 집에서는 전기도 잘 꺼지고, 전자제품도 잘 고장나던데, 아니나 다를까 희한하게 집 구석구석에 부적이 많이 붙어 있었다. 농담으로 말했지만, 내가 내뱉은 날말들의 소리가 울림이 되어 다시 내 귀에 닿는 순간, 그 말이 사실인 양 더 무섭게 느껴졌다. 그때 현관 쪽에서 M언니가 들어왔다. 그러고는 대뜸 "안 무서워요?"라고 말했다. 우리가 하는 소리를 들었나 싶어 "뭔가 좀 음산하긴 하네, 진짜 귀신 나올 것 같아. 그래도 흩어져서 일해야 되니까 우리 이제 무서운 얘기 그만!"이라고 말했더니, M언니는 "아, 이 아파트 얘기 못 들었구나. 여기 귀신 나오는 아파트라고 소문났는데, 이 주변 사람들은 다 아는데?"라고 말하는 것이 아닌가. 그 말을 듣는 순간, 부슬부슬 내리고 있는 비와 어둑어둑한 실내와 비현실적인 말들이 뒤섞여 드라마 〈전설의 고향〉 속에 들어와 있는 느낌이 들었다. "에이~ 요즘 세상에 귀신이 어딨다고!" 옆에서 듣고 있던 S가 말했다. 역시 얼마 전 군대에서 전역해서 그런지, 젊어서 그런지 S는 패기가 있었다. 난 귀신의 존재를 어렴풋이 믿고는 있었지만, 오늘 이 상황에서는 귀신은 없는 존재여야 했기 때문에 그런 S의 말에 기대고 싶은 마음이 생겼다. "그래, 귀신이 어딨다고~!" 그 말에 힘을 실어 귀신은 없는 걸로 결론 내리고 잔뜩 움츠러든 마음을 진정시키고 빨리 현실로 돌아와 청소를 시작해야 했다. 그런 우리의 모습을 보고 있던 M언니는 짓궂은 표정으로 말했다. "아 몰랐구나~ 여기 아파트에 여러 집에서 귀신이 나와서, 아파트 단체로 돈을 걷어서 유명한 무당을 불러가지고 아파트 입구에서 큰 굿을 했대요. 그러고도 귀신이 계속 나와서 그런 굿을 3번이나 했다던데. 머리 감고 고개를 드니 옆 거울에 여자가 서 있고, 밤에 물 마시러 거실로 나왔는데 냉장고 앞에 할아버지가 서 있었대요."

이 말을 듣고 있자니 온몸에 소름이 오스스 돋기 시작했다. 아니 '한두 명이 흐릿하게 본 것 같다'도 아니고 여러 사람이 동시다발적으로 귀신을 목격하고 돈을 걷어 굿까지 했다고? 순간 내가 서 있는 공간이 〈전설의 고향〉 촬영지가 되어버렸다. 마음은 더 쪼그라들었다. 쪼그리고 앉아 화장실 바닥을 청소하다가 일어나면 뭐가 서 있을 것 같고, 베란다 청소할 때도 뭔가가 앉아 있을 것 같은데, 또 붙박이장 문은 어떻게 열 것인가! 일을 할 때는 항상 노동요를 틀어놓고 하는데 오늘은 노래를 틀기도 무서웠다(어딘가에서 귀신이 노래를 좋아해서 가수들 녹음실에 자주 출몰한다는 소리를 들었던 것 같다). 귀신은 옛날 사람이니까 힙합이나 최신 음악을 틀어놓으면 상관없으려나, 녹음실에 귀신이 나타나면 그 음반은 대박이 난다던데 나는 청소하다가 귀신을 봤으니 우리 업체는 이제 귀신에 힘입어 대박이 나는 건가. 그럼 무섭더라도 참아봐야 하나. 온갖 잡다한 생각이 다 들기 시작했다.

그리고 그날 나는 대담한 척, 괜찮은 척 당당하게 장비를 들고 안방으로 들어가 화장실부터 몸에 익혀진 순서대로 구석구석 깨끗하게 청소해 나갔다. 화장실을 청소하는 내내 거울을 똑바로 보지 않으려 애썼고, 앉았다 일어날 때는 한쪽 눈은 감고 한쪽 눈은 실눈을 뜨고 거울을 바라보았다. 없어야 할 것이 보일 땐 한쪽 눈으로도 너무나 잘 보일 테지만, 그땐 그나마 그렇게라도 해야 아무것도 안 보일 것 같았다. 샤워부스를 청소하다 희미한 얼룩만 보여도 움찔움찔 놀라며 뒤를 돌아보곤 했다.

청소하는 와중에 내 눈엔 보이지 않지만 만약 정말 귀신이 있다면, '자기가 있는 곳을 깨끗이 해주는 사람에게 해코지는 하지 않겠지'라는 작은 위안을 버팀목 삼아 일을 했다. 어떻게 청소했는지 정신없는 하루가 지나고, 다행히(?)도 우리는 아무도 귀신이란 존재를 보지 못했다.

형광등을 사들고 온 고객과 마주하자, 이 공간에서 계속 살 사람도 있는데 괜히 소문에 호들갑을 떤 것 같고, 죄스러운 마음이 들었다. 하루 일과를 마치고, 우리는 여느 때처럼 청소에 너무 만족한 고객을 뒤로 하고 보슬비와 안개에 둘러싸인 아파트를 바라보며 홀가분하고 뿌듯한 마음으로 퇴근을 했다.

그날 M언니가 들려준 소문이 진짜인지 아닌지는 지금도 모른다. 그리고 우리는 이후에도 그 아파트에서 단 한 번도 귀신 비슷한 것조차 본 적이 없다. 하지만 그때 일을 떠올리면 신선하고 짜릿한 기억으로 남아 있다. 그 고객은 우리 업체 서비스에 정말 만족하여 입주자 카페에도 후기 글을 올려주었고, 주변에 소개를 많이 해준 덕분에 그 아파트에서는 아직까지도 꾸준히 일이 들어오고 있다. 가끔, 비가 부슬부슬 내리는 날이면, 새로 들어온 팀원들을 겁주려고 그때의 일을 아주 실감 나게 들려주곤 한다.

이러다가 어딘가에서 “네가 내 얘기를 그렇게 하고 다닌다며?” 하면서 정말 귀신을 만나게 될까 겁나긴 하지만.

3장

블루오션으로 떠오른 청소업체

창업비용은 얼마이고 얼마나 벌까?

많은 사람들의 인식 속에 '청소업'이라는 직업은 아직까지도 직업을 선택하는 데 우선순위는 아닐 것이다. 이 직업을 가지게 되면서 사람들이 생각하는, 하고 싶어 하는 직업군의 기준에 대해 생각해본 적이 있었다. 대부분 같은 시간과 노력을 기울였을 때 더 높은 수입이 직업을 선택하는 첫 번째 기준이 될 것이고, 누군가는 조금 적게 벌더라도 사회적 지위 보장이나 사람들의 인정을 받을 수 있는 직업을 갖고자 할 것이다. 되고 싶은 사람, 혹은 어떤 직업을 갖고 싶으냐고 물었을 때 아마도 '청소하는 사람'이라고 대답하는 사람은 아무도 없을 것이다.

우리 사회에서 청소라는 직업을 바라보는 편견 어린 시선은 차치하고서도, 일단 청소업에 대해서 사람들이 모르는 게 너무 많다. 아마도 바라는 직업군에 아예 속하지 않기 때문에 관심 자체가 없기 때문일 것이다.

우리나라 연령별 평균 임금을 찾아보면, 2020년 기준 20대는 215만 원, 30대는 319만 원, 40대는 383만 원, 50대는 386만 원이다. 하지만 중위소득(소득 순서대로 줄을 세웠을 때, 정확히 중간에 있는 소득 수준)을 살펴보면, 20대는 190만 원, 30대는 276만 원, 40대는 300만 원, 50대는 250만 원이다.

청소일을 하는 사람들은 특별한 기술도 없고, 어디 써주는 데도 없고, 능력이 없어서 '청소밖에 할 게 없지 않나'라고 생각하는 사람들이 많고, 죽도록 일해 봤자 돈도 많이 못 버는 업종이라고 생각하는 사람들이 대부분이다. 하지만 500만 원 이하의 소자본으로 무점포 창업을 한다고 했을 때 한 달에 버는 수입은 현장에서 내가 팀원들과 함께 일을 한다는 전제 하에, 중위소득의 2배에서 많게는 3~5배까지 버는 사람들도 많다.

청소 한 품목만을 한다고 가정했을 때 수익금의 예를 들어보자. 요즘 입주청소의 평균 단가는 평당 12,000~13,000원 정도다. 우리나라에서 가장 많은 평수인 34평을 기준으로 평당 13,000원을 계산하면 44만 2000원이다. 대부분의 업체는 한 팀으로 움직이고, 한 팀은 보통 3명으로 구성되는데, 34평인 경우에는 한 팀인 3명이 들어가서 작업하는 게 보통이다. 여기에 식대를 포함한 하루 일당은 8~10만 원선이다. 일당을 10만 원으로 잡고 나머지 14만 2000원에서 식대, 약품, 소모품, 차량 유지비 등을 빼고 내가 팀원 한 명 몫으로 일할 경우, 하루 수입은 20만 원 정도라고 생각하면 될 것 같다. 한 집당 청소 시간이 6~7시간임을 감안하면 결코 적은 금액이라 할 수 없다. 그리고 어느 정도 자리를 잡으면 정기적으로 청소하는 계단청소나 사무실, 학원 청소를 아침에 몇 군데 하고 와서 입주청소를 하기도 하고, 34평이 끝나고 원룸이나 20평대 청소를 하나 더 잡는 경우들도 있다.

우리 업체는 늘 일이 많은 편이어서 4명이 한 팀으로 구성되어 매일 두 집씩 청소했다. 예약이 꾸준하게 하루 2개 이상씩 들어오게 되면 팀을 하나 더 늘리는 것도 하나의 방법이다. 팀장을 뽑아 팀장에게는 임금을 3만 원 정도 더 주는데, 그 현장은 내가 가지 않아도 연결해주는 것만으로 8~10만 원을 벌 수 있다.

이렇게 계산해보면 내가 팀원 한 명의 몫으로 현장에서 같이 일하는 것을 전제로, 기본적으로 하루에 한 집만 일하는 걸로 계산해봐도 20일을 일하면 400만 원이다. 위에서 설명했듯이 업체가 커지고 일이 늘어나게 되면 수입은 훨씬 더 많아진다.

여기에 청소에만 국한하지 않고, 청소와 접목해서 시공할 수 있는 여러 가지 품목(줄눈, 코팅, 연마, 새집증후군, 인테리어필름 등)의 기술을 익혀 함께 패키지 상품으로 판매한다면 그것보다 훨씬 더 많은 소득을 올릴 수도 있다. TV 프로그램에 출연했던, 청소해서 빌딩을 산 사장님의 이야기가 꿈같은 이야기는 아니라는 것이다.

나도 처음 이 일을 시작했을 때 아이들도 돌봐야 했기 때문에 너무 시간에 구애받지 않으면서 투자 시간 대비 수익이 높을 것 같아서 시작했다. 그리고 일이 없으면 집에서 쉴 수도 있고, 특별한 일정이 생기면 그날 예약은 받지 않았다. 매일매일 정해진 시간에 출근하고 회사 상황에 맞춰 잔업을 하는 등 늦게까지 일해야 하는 경우가 없었기 때문에 시간관리 면에서도 효율적이었다.

그리고 점점 예약이 늘어나고 현장에서 마주하는 다양한 상품이 눈에 들어오기 시작하면서 이 청소라는 직업은 다른 어떤 직업보다 무궁무진한 가능성을 가진 직업이라고 생각하게 되었다. 오히려 편견으로 많은 사람들이 이 직업을 기피한다는 것 자체가 더 반가운 일일지도 몰랐다. 다른 분야에서는 이미 다들 하고 있는 마케팅이지만 아직 이 분야에서는 접목되지 않았던 다양한 마케팅을 처음으로 시도할 수 있었기 때문이다.

기본적으로 성실함과 노력이 밑바탕이 되어야 하지만, 그리 잘나고 똑똑하지 않은 나도 현장에서 일 잘하고 똑부러진다는 말을 들으며 일할 수 있었고, 그런 칭찬들이 원동력이 되어 더 크게 사업을 확장시킬 수 있었다. 또한 내가 노력한 만큼 벌 수 있다는 점이 좋았다.

배스킨라빈스나 파리바게트의 프랜차이즈 비용은 2~3억을 웃돈다고 알고 있다. 청소 관련 품목을 여러 개 접목하여 시작하게 되면 창업비용이 좀 더 들겠지만, 만약 청소부터 차근차근 하면 200만 원으로도 충분히 시작할 수 있다. 아마도 기술력만 갖춘다면 창업비용 대비 높은 수익을 창출할 수 있는 직업일 것이다.

내 기준으로 보자면 처음에 사무실 용도의 작은 점포를 얻었기 때문에 초기 자본은 500만 원 정도였다. 그리고 3개월이 지나 어느 정도 자리를 잡아가면서 평균 수익은 500만 원, 많을 때는 1000만 원까지 벌었고, 제일 많이 벌었던 때는 한 달에 2000~3000만 원 이상의 수익을 올리기도 했다.

요즘은 젊은 사람들도 청소업에 많이들 뛰어들고 있다. 이런 소식을 들으면 무척 반갑고 기분이 좋다.

일을 하면 할수록 세상에 공짜는 없다는 생각을 참 많이 하게 된다. 내가 일한 만큼 정직하게 돈을 벌 수 있는 직업, 노력하면 노력한 만큼 피드백이 되어 돌아오는 직업, 진정한 노동의 가치를 확인할 수 있는 직업, 이 일을 하면 할수록 매력을 느낀다.

입주청소랑 이사청소는 뭐가 달라요?

“거기 입주청소업체죠. 이번에 이사 가면서 청소를 좀 맡기려고 하는데요.”

“네, 어느 아파트 몇 평이세요?”

“○○아파트 34평이에요”

“아, 이사청소시네요. 그럼 비용은 ○○입니다.”

“입주청소랑 이사청소랑 다른가요?”

고객들이 제일 많이 물어보는 질문 중 하나다. 한 지역에서 5년 이상 매일 현장을 쫓아다니며 일을 하다 보니 아파트 이름만 들어도 몇 년 된 아파트인지 신규 입주 아파트인지 아닌지를 알 수 있게 되었다. 업체마다 차이는 있겠지만 입주청소와 이사청소의 비용이 다르게 책정되는 곳이 많고, 이사청소도 아파트 연식에 따라, 리모델링과 확장 여부에 따라 추가금이 발생되는 곳들도 있기 때문에 차이점에 대한 명확한 기준이 잡혀 있어야 한다.

아파트, 빌라, 주택 청소는 크게 준공청소, 입주청소, 이사청소, 거주청소 4가지로 구분된다. 그 외에는 주간 단위로 진행되는 계단 청소, 연간 단위로 진행되는 외벽 청소 등이 있다.

준공청소는 새 건물이 완공됐을 때 최초로 진행되는 청소로, 개인이 지은 건물일 경우에는 준공청소와 입주청소가 같이 진행되는 경우가 많고, 아파트인 경우에는 시공사 측에서 기본적으로 준공청소까지는 진행을 한다.

고객들 중에 가끔씩 우리 아파트는 준공청소가 되어 있기 때문에 깨끗하다며 가격 조정을 원하는 경우가 있는데, 이때 준공청소와 입주청소의 차이점을 명확하게 알고 설명해야 한다.

준공청소의 가장 핵심 작업은 새 건물 내부에 설치된 다양한 가구 겉면에 흠집과 오염을 방지하기 위해 접착되어 있는 비닐 형태의 보양재와 마룻바닥을 보호하기 위해 깔아놓은 박스 형태의 바닥 보양재를 제거하는 것이다. 압착이 되어 잘 안 떨어지는 것들도 많고 제거 과정에서 흠집이 나는 경우도 있기 때문에 숙련된 기술과 요령이 필요한 작업이다. 그리고 전체적인 먼지를 제거하는데, 여기에 디테일한 청소는 포함되지 않는다. 간혹 아파트 현장에 따라서 가구와 문에 있는 보양재만 제거해두고 나머지는 입주청소업체가 마무리하라고 바닥 보양재는 남겨두는 경우가 있는데, 바닥 보양재가 제거되지 않았다면 제거에도 시간이 많이 소요되고 보양재 아래에 깔려 있는 흙먼지들이 타 아파트에 비해서 굉장히 많이 나오기 때문에 2~3만 원의 추가 요금을 받고 입주청소를 진행하는 것이 맞다.

입주청소는 새로 지어진 아파트에 처음 입주하기 전에 하는 디테일한 청소를 말한다. 아무도 살지 않았던, 모든 것들이 새것인 공간이기 때문에 입주청소 현장에 찌든 때는 없다. 흔히들 찌든 때가 없기 때문에 이사청소보다 입주청소가 훨씬 수월할 거라고 생각하는 사람들이 많고 실제로 입주청소 비용이 이사청소 평단가보다 살짝 낮게 책정되어 있기도 하지만, 현장에 따라서 도배, 페인트, 실리콘 마감이 제대로 되어 있지 않은 아파트는 입주청소가 훨씬 어려울 수도 있다. 입주청소의 핵심 작업은 꼼꼼한 먼지 제거다. 이 공간은 어제까지도 공사현장이었기 때문에 천장부터 바닥까지 모든 공간에 먼지가 들러붙어 있다. 이 먼지를 제대로 제거하지 않으면 살면서 계속 먼지를 흡입해야 한다. 그래서 바로 입주해서 살아도 될 만큼

입주청소(주방)

의 꼼꼼한 청소가 필요하다. 전등 커버 분리, 벽지, 모든 서랍 탈거, 싱크대 걸레받이 탈거, 배수구, 환기구 탈거 청소 및 소독 등은 기본이다. 그리고 창틀에 떨어져 있는 시멘트와 페인트 자국을 없애고 새하얀 창틀로 만든다.

꼼꼼하지 않은 고객들의 눈에는 비포와 애프터가 그렇게 확연하게 다르지 않기 때문에 전체적인 청소 시공을 설명하는 것도 중요한 일 중 하나다. 또 입주청소는 새 아파트 입주 기간인 2개월 동안(대부분의 아파트 입주 기간이 2개월이다) 실거주자의 50퍼센트에서 많게는 80퍼센트 정도가 입주를 하기 때문에 공동구매 박람회를 통해 청소예약을 받든, 개인적으로 받든 많은 물량을 한꺼번에 미리 예약받을 수 있는 이점이 있다.

반면, 다들 입주를 앞두고 입주 품목에 엄청난 관심을 갖다 보니 입주자 카페나 밴드를 통해 아주 디테일한 부분까지 업체 후기를 공유하기도 한다. 후기라는 것이 늘 그렇듯 주관적인 평가이기 때문에 까칠한 고객의 후기가 올라오면 그 현장에서의 일정은 아주 피곤해지기도 한다. 그래서 초보 업체들은 지레 겁을 먹고 새 아파트 현장은 도전하지 않는 경우도 많다.

이사청소는 기존 거주자들이 이사를 나간 공간에 새로 입주하기 전에 하는 청소를 말한다. 이사청소는 짧게는 6개월부터 30~40년 된 공간도 청소해야 되기 때문에 추가금을 받아야 하는 상황도 다양하고, 전에 거주하던 사람이 이 공간을 얼마나 깨끗이 사용했느냐에 따라 청소의 범위와 시간이 달라지기 때문에 상황의 변동성이 크다. 일단 이사청소의 중심 업무는 집안 곳곳의 찌든 때, 주방의 기름때, 곰팡이를 제거하는 일이다. 청소는 조금 힘들지 몰라도 청소하고 난 후 비포와 애프터가 확실하기 때문에 고객들의 만족도는 굉장히 높은 편이다.

청소일을 하시는 분들의 대부분이 그렇겠지만 아무리 더럽고 힘들었던 현장도 일을 다 마친 뒤에 의뢰하신 고객의 만족과 미소 하나면 그날의 피로는 다 날아가게 마련이다. 그런 의미에서 눈에 불을 켜고 잘못된 부분을 찾아내려는 입주민들이 몰려 있는 새 아파트 입주청소는 하지 않고 이사청소만 다니

입주청소(위 화장실, 아래 왼쪽 드레스 룸, 아래 오른쪽 창틀)

는 사장님들도 있다.

마지막으로 거주청소는 현재 입주민이 거주하고 있는 집을 청소하는 것이다. 준공, 입주, 이사청소는 모두 집기가 하나도 없이 비워져 있는 상태에서 하는 청소지만 거주청소는 모든 가구, 가전, 생활용품들이 채워져 있는 상태로 청소해야 되기 때문에 더 주의해야 한다. 그래서 평균 단가도 입주나 이사청소에 비해 높은 편이다. 하지만 가구 안에 있는 모든 집기를 꺼내어 다시 넣는 것이 아니고 가구와 가전은 겉면만 청소하고 그 외의 창틀이나 나머지 공간은 다른 청소와 마찬가지로 디테일하게 청소하면 된다. 정리정돈 자격증을 소지하고 있는 경우에는 간단한 소품 정리와 이불장이나 화장실의 수건장 정도는 깔끔하게 정리해주는 서비스를 하면 더욱더 만족도를 높일 수 있다. 거주청소를 맡기는 사람들은 6개월~1년 단위로 주기적으로 맡기기도 하기 때문에 이러한 서비스를 바탕으로 단골을 만들 수도 있다. 입주자들이 매일 거주하던 공간이기 때문에 고객들은 비포와 애프터의 차이를 다른 어떤 청소보다 많이 체감하므로 만족도도 가장 높다.

청소 잘하는 업체는 어떻게 고를까?

불과 10여 년 전만 해도 이사할 때 '청소를 전문업체에 맡긴다'라는 생각은 하지 못했다. 더불어 청소라는 분야의 전문 업체가 있다는 사실조차 생소하게 다가왔던 시절이 있었다. 하지만 요즘은 이사를 계획하는 대부분의 사람들이 청소는 당연히 전문 청소업체에 맡겨야 한다고 생각하고 있다. 그만큼 새로이 생겨난 청소라는 서비스는 우리 생활 속에 꼭 필요한 부분으로 확고히 자리 잡았다.

그런데 여기서 고민거리가 발생한다. 수많은 청소업체가 너도나도 '우리 업체가 최고다!'라고 말하고 있는데, 비슷한 가격에 비슷한 서비스를 제공하는 수많은 업체 중 돈이 아깝다는 생각이 들지 않을 만큼 잘해주는 업체를 어떻게 고를 것인지가 문제다. 나 또한 그 수많은 업체를 일일이 알지 못하기 때문에 콕 집어 어떤 업체가 잘한다고 말하기는 어렵다.

수많은 업체가 하나같이 최선을 다해서 책임감 있게 자신의 업체를 이끌어가는 곳이라면 더없이 좋겠지만, 그중에는 책임감 없이 '하루 때우고 돈 벌자'라는 마인드를 가진 업체도 있을 테고, 고객들과 툭하면 싸우는 서비스 정신 자체가 없는 업체들이 있는 것도 사실이기 때문이다.

예약 당시에는 그렇게 친절했던 사장님이 터무니없는 청소를 해놓아서 A/S를 요청했는데 무서운 아저씨로 돌변한다든지, 미흡한 청소를 보고 좀 더 마무리를 해달라고 부탁했는데 "이제 청소 안 하고 살 거예요? 적당히 해야지 적당히!!" 하면서 되레 소리 지르는 사장님을 만날 수도 있다.

이 두 사례는 다른 시공을 하러 방문했다가 직접 목격한 일들이다. 청소의 퀄리티를 떠나서 이런 서비스를 받으면 나라도 울분이 터질 것이다. 실제로 첫 번째 집의 고객은 겁에 질려 그 자리에서 울먹거리기까지 했다. 거기다 대고 사장님은 "잔금 붙이소!" 하고는 팀원들과 쌩하고 나가버렸다. 대체 저 사장님은 어떤 마인드로 이 일을 하고 있는지, 같은 업계 사장으로서 민망하고 속상한 마음뿐이었다.

그렇다면 이런 황당한 경우를 당하지 않고 어떻게 하면 청소 잘하고 친절한 업체를 잘 선별할 수 있을까?

우선 '잘한다'의 기준부터 세워야 한다. 제대로 갖추어진 청소 장비들을 이용해 기본적인 청소 관련 기술을 익힌 적당한 수의 팀원들이 청소하고, 추후에 발생되는 A/S에 대해서도 서비스 정신을 잃지 않고 잘 응대해주는 업체를 좋은 청소업체라 할 수 있을 것이다.

그럼, 이런 업체를 선별할 수 있는 방법을 살펴보자.

첫째, 제일 쉬우면서 믿을 만한 방법은 실제로 지인들이 이용하고 추천해주는 업체를 선정하는 방법이라고 할 수 있겠다. 직접 경험해본 것만큼 확실한 것이 없기 때문이다. 실제로 현장에서 청소하다 보면 지인과 함께 검수(청소 후 검사)를 하는 분들이 많은데 청소 상태를 보고 명함을 받아가는 사람들이 꽤 많다.

둘째, 인터넷으로 청소업체를 검색하고 업체에서 직접 운영하는 홈페이지나 블로그에 들어가 본다. 일단 블로그가 꾸준히 운영되고 있다는 것은 그만큼 일이 꾸준하게 들어온다는 말이고, 그것은 이 업체가 웬만큼 일을 한다는 방증이기도 하다. 블로그에는 보통 청소 전후 사진이나 업체에서 내세울 수 있는 다양한 서비스를 적어놓기 때문에 이런 것들을 꼼꼼하게 살펴보는 것도 중요하겠다. 그리고 마음에 드는 업체를 찾았다면 여러 카페나 블로그에서 해당 업체의 후기를 찾아보는 것도 도움이 될 수 있다.

후기를 찾아볼 때 주의할 점은 검색 시 첫 화면에 뜨는 몇몇 블로그의 홍보성 후기에 속지 않는 것이다. 이러한 블로그를 자세히 보면 개인의 후기가 아닌 홍보 목적으로 작성된 글이 대부분이다. 그건 그 블로그가 상업적으로 이용되고 있다는 뜻이다. 그리고 업체에서 광고비를 내고 후기를 만들어낸 것일 가능성이 크기 때문에 그리 믿을 만하지는 않다.

실질적으로 블로그에 사진은 그럴듯하게 나와 있고 다양한 서비스 사진을 올려놓았지만, 현장에서 만난 업체는 장비부터 인원까지 너무 열악한 경우도 많다. 그래서 이 후기만 믿을 것이 아니라 지역 내 카페 등에서 후기를 찾아보는 것도 좋다.

셋째, 제일 중요하다고 볼 수 있는 예약전화 단계에서 사장님에게 꼼꼼하게 이것저것 물어보는 것이다. 블로그에 나와 있는 서비스를 다 제공해주는 것이 맞는지, 일용직을 쓰는 건 아닌지, 몇 명이 들어와서 몇 시간 동안 청소해주는지, 혹시라도 마음에 안 드는 부분이 있으면 A/S는 어떻게 처리해주는지 등에 대해서 꼼꼼하게 질문하면 별로 자신 없는 업체들은 일부러 발을 빼는 경우도 있다. 당연히 사장님의 고객응대가 자연스럽고 친절한 업체를 선택하는 것이 좋겠다.

기본적으로 알고 있어야 하는 청소업체들의 운영방침을 살펴보면, 작업 시 적당한 인원은 25평 이하 2명 정도, 26평에서 34평은 3명의 팀원이다. 물론 법적으로 정해져 있는 기준은 아니지만 기본적으로 이 정도 인원은 갖추어져야 꼼꼼한 청소가 이루어질 수 있다고 생각한다. 청소에 소요되는 시간은 평형에 맞는 인원이 들어갔다는 전제 하에 5~7시간 정도다. 34평에 4명이 들어온다고 좋아하는 사람들도 있는데 전체 청소 소요시간과 비교해봐야 한다. 3명이 들어와서 6~7시간 일하는 것도 4명이 들어와서 4시간 일하는 것과는 크게 차이가 없기 때문이다. 또한 함께 팀을 이룬 지 오래되어 척척 일을 하는 사람 3명은 같은 시간에도 초보 4명보다 훨씬 퀄리티 높은 결과물을 내기 때문에 용역이 아닌 제대로 팀이 갖춰진 업체를 찾는 것도 중요하다.

그리고 포털사이트 검색 단계에서 메인에 노출되는 프리미엄 링크라든지 광고를 통해 노출되는 몇 개의 업체는 광고비를 투자한 만큼 많은 일을 하게 되는데, 이런 곳들은 베테랑들이 많고 웬만큼 일을 잘하는 업체라고 보면 된다. 하지만 어떤 업체들은 전국망으로 운영한다면서 평당 1만 5000원의 높은 금액을 제시하고 실제 청소팀은 평당 1만 원을 받는 현지팀을 섭외하는 경우들이 많다. 자신들의 팀이라고는 하지만 하청을 주는지에 대해서도 꼼꼼하게 살피는 게 좋다. 현지팀에 바로 예약했으면 평당 1만 원에 맡길 수 있는데 같은 서비스를 받으면서 돈을 더 줄 필요는 없으니까 말이다.

요즘은 청소 전문 자격증도 많이 취득하는 추세이기 때문에 팀원들의 자격증 유무를 확인하는 것도 한 방법이다. 하루 일당을 주고 일용직을 불러서 청소하는 업체와 자격증을 갖춘 팀원으로 이루어진 팀의 청소는 다를 수밖에 없다. 자격증을 취득하기 위해 습득하는 전문적인 장비, 도구 사용법과 마감재에 따른 다양한 청소 방법, 약품 사용 등에 대한 전문적인 지식을 갖춘 팀원들이 있는 청소업체라면 믿을 만할 뿐더러, 자신이 하는 일에 전문적인 지식을 얻기 위해 시간과 돈과 노력을 투자하여 자격증을 취득한 사람들이라면 그만큼 직업에 대한 책임의식까지 갖추었다고 볼 수 있기 때문이다.

청소는 그 어떤 품목보다 업체의 역량이 요구되는 품목이라고 생각한다. 그런 만큼 A/S도 가장 많이 발생되는 품목이기도 하다. 그래서 더더욱 업체 선정에 고심이 될 것이다. 그런 사람들에게 이 글이 업체를 선정하는 데 조금이라도 도움이 되었으면 하는 바람이다.

줄눈이 뭐예요?

줄눈이란, 원래 집이나 담장에 벽돌을 쌓은 후 움직이지 않도록 잡아주는 목적으로 벽돌과 벽돌 사이의 틈에 시멘트를 넣는 것을 일컫는다. 요즘은 욕실이나 주방 타일 사이에 백색 시멘트를 넣어서 시공을 하는데, 여기서 여러 가지 문제점이 발생된다. 백색 시멘트 자체가 발암물질이기 때문에 시간에 의해 마모되어 백색 시멘트 먼지가 호흡기로 들어오면서 건강에 해로울 수 있고, 처음엔 백색이었던 줄눈 색상이 청소를 제대로 해주지 않으면 점점 누렇게 변색이 되기도 하고, 심할 경우 곰팡이가 끼어서 전체적으로 청결하지 못한 상태가 되기 쉽다. 또한 이 백색 시멘트는 일정 시간이 지나면 돌처럼 딱딱

하게 굳어지는 성질이 있어서 백색 시멘트가 깨지고 나면 타일 간 잡아주는 힘이 약해져서 주변의 타일들도 같이 깨지게 된다.

이러한 문제점들을 예방하고 인테리어 효과까지 덤으로 얻을 수 있는 장점들 때문에 줄눈시공을 한다. 줄눈시공은 백색 시멘트를 일정 부분 파낸 후 액상 형태의 특수코팅제에 다양한 색상의 펄 가루를 섞어 타일 사이에 넣어서 굳혀주는 방식이다.

불과 7~8년 전만 해도 "줄눈은 안 하세요?"라고 물으면 "줄눈이 뭐예요?"라고 묻는 사람들이 대부분이었다. 하지만 지금은 줄눈의 필요성과 효과를 먼저 알고 시공 요청을 하는 사람들이 정말 많아졌고, 입주 현장에서 청소와 더불어 가장 기본적인 품목으로 자리 잡아 나가고 있는 추세다.

입주 품목 공동구매 현장에 참여해보면 제일 인기 있는 상품은 단연 청소이고, 그다음으로는 줄눈이다. 청소와 줄눈을 함께 예약하시는 분들은 총 계약건의 80퍼센트 이상을 차지할 정도로 청소와 더불어 줄눈은 대중적인 품목으로 자리 잡았다. 그러면 입주청소와 줄눈은 어떤 관계가 있을까.

처음에 내가 이 직업을 선택했을 때는 입주 현장의 이해 없이 그냥 '입주청소' 하나만을 보고 이 직업에 뛰어들었다. 하지만 입주 현장에서 일을 하면 할수록 입주에 필요한 다양한 품목이 눈에 들어오기 시작했다. 그리고 청소와 연계해서 추가적으로 확장할 수 있는 품목들이 무궁무진하다는 것을 알게 되었다. 또 고객들로부터 "줄눈은 안 하세요? 탄성은 안 하세요?"라는 질문을 종종 받다 보니 '때가 되면 반드시 품목을 늘려야겠구나'라는 생각을 하게 되었다.

여러 시공 상품 중에 제일 먼저 접근한 것이 줄눈이었다. 실제로 줄눈 업체를 운영하는 사장님들 중에는 처음에 청소업체로 시작해서 전향하신 분들도 많이 있다. 그럼, 왜 청소업을 접고 줄눈 업체로 전향했을까.

일단, 청소를 하기 위해서는 기본적인 기술도 그렇지만 무조건적으로 팀원이 갖추어져야 한다. 어떤 일이든 가장 힘든 일이 사람을 쓰는 일이다. 내 일처럼 일하는 직원을 찾는 것 자체가 힘들 뿐더러 이제 손발이 맞다 싶으면 개인 사정으로 갑작스럽게 일을 그만두는 경우도 많다. 그래서 늘 완벽한 한 팀을 이루는 것이 생각처럼 쉽지 않다. 하지만 줄눈은 굳이 팀이 필요하지 않다. 내가 기술을 가지고 있으면 옆에서 보조해줄 사람 한 명 정도만 있으면 된다. 거기에다 한 집을 청소할 땐 최소 5~7시간을 투자해야 하고, 클레임도 잦기 때문에 청소업을 운영하는 것은 다른 시공 상품들보다 품도 많이 들고 정신적인 스트레스도 많은 편이다. 이에 반해 줄눈은 2명이 들어갔을 때 기본 패키지 시공(새 아파트 올 확장형 기준으로 현관, 화장실 바닥 2곳, 안방 베란다, 주방 세탁실)을 하는데 3~4시간이면 충분하기 때문에 팀원을 모아야 된다는 부담감이 없다. 거기다가 하루에 두 집을 하게 되면 수익도 상당하다. 실제로 공동구매 현장에 다양한 시공 상품을 판매해보면 제일 많은 매출을 올리는 품목이 바로 줄눈이다. 이렇게 효자종목인 데다가 기술만 있으면 팀원 걱정 없이 많은 수익을 얻을 수 있기 때문에 '줄눈'이라는 품목에 눈독을 들이는 분들이 많다.

그 외에 청소와 접목할 수 있는 품목으로는 '싱크대 상판 연마'가 있다. 눈에 보이지 않는 미세한 모공들과 스크래치로 인해 음식물과 이물질이 끼어 있어서 오염된 상태로 생활을 하기도 하고, 여기저기 흠집 나고 일정하지 못한 상판 색깔로 지저분해 보이는 상판들이 많다. 이런 상판을 새것으로 교체하지 않고도 새것처럼 깨끗하게 복원할 수 있는 기술이 연마다.

상판의 스크래치와 얼룩을 연마기를 이용해 매끈하게 갈아내고 그 위에 광택을 올려주는 방식으로 진행되는 이 연마도 정말 반짝반짝 거울처럼 윤이 나기 때문에 인테리어 효과도 상당해서 시공 후에 만족도가 굉장히 높은 품목이다.

그 외에 새집증후군, 욕실 발수코팅, 마루코팅, 인테리어 필름 등 입주 품목은 무궁무진하다. 처음엔 '그건 뭐하는 거야?' 했던 상품들도 몇 년 사이에 많은 고객들이 먼저 알아서 의뢰할 정도로 인기 품목으로 자리 잡고 있다.

청소만 해도 꾸준히 괜찮은 수익을 얻을 수 있다. 하지만 이런 품목들과 결합해 패키지로 상품 구성을 하면 들어오는 액수의 단위가 달라진다. 그래서 청소하는 사람들이 다양한 기술들을 접목해서 다양한 시공 상품들을 판매할 수 있는 것이다.

이 모든 시공들 중에서 가장 힘들고 고단한 작업이 바로 청소다. 그럼 이쯤에서 생각해볼 것이다. 그럼 왜 다른 상품으로 전향하지 않고 계속 청소를 함께 하는 것인지.

이유는 간단하다. 청소가 자리 잡혀야 다른 품목들이 따라오기 때문이다. 가장 많은 고객들이 기본적으로 해야 하는 품목으로 자리 잡은 청소가 중심을 잘 잡고 있어야 다른 품목들을 권해볼 기회도 생기고, 청소에 만족한 고객들은 다른 품목들도 꼼꼼하게 잘해줄 것이라고 생각한다. 이렇게 기본 중에 기본인 청소로 인해 우리는 다양한 상품들을 연계해서 판매할 수 있는 것이다.

줄눈시공

싱크대 상판 연마 코팅

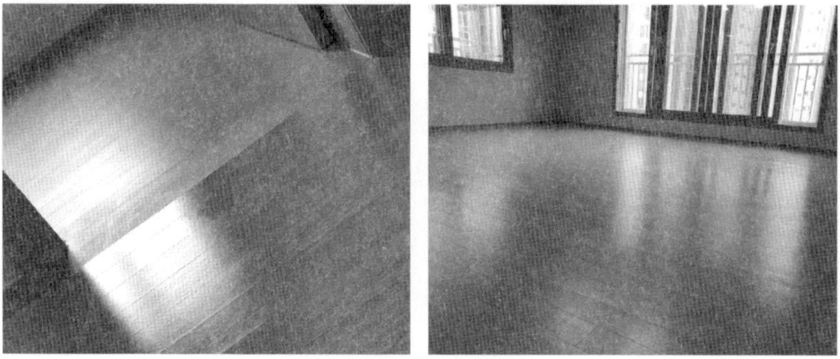

거실 바닥 코팅

입주 아파트 공동구매 박람회

8년 전 청소업을 시작했을 때 제일 처음으로 예약을 받아 청소한 집이 새로 지은 아파트의 입주청소였다. 입주 현장에서 어떤 업체들이 어떤 행사를 하는지도, 공동구매 박람회라는 것이 있는지도 몰랐던 때에도, 예비 입주자들은 어차피 청소를 꼭 해야 하기 때문에 개별적으로 한 개씩 예약이 이루어지는 이사청소 현장보다는 입주가 시작된 아파트를 주력으로 홍보하는 것이 좋겠다는 생각을 했었다.

다행히도 그때는 아파트들이 우후죽순으로 들어서고 있어서 신규 아파트 쪽에서 꾸준히 예약을 받을 수 있었다. 신규 아파트의 입주 시기는 2달 정도 된다. 이 시기 동안 대부분의 입주민이 입주를 하고, 그 이후에 띄엄띄엄 나머지 세대의 입주가 이루어지고, 전세 물량들이 조금씩 뒤를 잇는다.

이렇게 대형 아파트의 입주 시기가 끝나면 한동안 예약이 뜸해지고 이사청소 위주로 하게 되는 시간이 오는데, 이렇게 개별적으로 들어오는 예약들은 손 없는 날을 앞두고 예약 건이 하루에 몰리기도 하고 예약이 아예 안 들어오는 날도 있다. 그래서 업체 입장에서는 '매일매일 한 집씩 청소해야지'라고 마음먹는다고 해서 뜻대로 꾸준하게 일을 할 수는 없다. 이처럼 업체는 언제나 이 예약 물량에 대한 고민을 안고 갈 수밖에 없다.

공동구매 박람회의 가장 큰 메리트는 한정된 기간이기는 하지만 이런 물량에 대한 고민을 해결할 수 있다는 점일 것이다. 입주를 앞둔 고객들이 한꺼번에 모이는 박람회다 보니 입주 2달 동안 꾸준히 일할 수 있는 물량을 확보할 수 있기 때문에 물량 고민 없이 일에만 집중하면 되는 것이다. 그리고 물량이 많은 만큼 수익으로 직결되어 매출도 늘어나기 때문에 업체로서는 공동구매 업체로 선정되는 것 자체가 고수익이 보장된 현장을 만나는 것과 같다.

입주민들 입장에서 공동구매 박람회는 입주 시에 필요한 여러 품목을 시중가보다 할인된 가격으로 구매할 수 있는 장점

주차권
증정
시스템에어컨
삼성무풍
시스템에어컨

4C
원
가
드
SINKLEADER
음식물처리기 싱크리더

Move In

공동구매 박람회

이 있고, 개별적으로 알아보기 힘들었던 여러 품목의 업체들을 선별해서 뽑아 놓았기 때문에 개인적인 품을 들여 업체를 알아보는 수고를 덜어준다. A/S 또한 예비입주자 대표진들과의 협약 내용에 포함되어 철저하게 이루어지기 때문에 그만큼 사후 서비스도 보장받을 수 있다는 이점들이 있다.

공동구매에 참여하는 업체들은 기본적인 시공 능력과 합리적 가격, 철저한 A/S가 바탕이 되는 믿을 만한 업체임을 증명할 수 있는 여러 가지 증빙서류와 제안서를 통해 선발되기 때문에 신생업체는 참가하고 싶어도 자격미달이 되는 경우가 많다.

일반적으로 공동구매 박람회에 참가하는 입주 품목으로는 전자제품, 가구, 중문, 커튼, 청소, 줄눈, 새집증후군, 탄성코트, 연마, 코팅, 음식물처리기, 안전방충망, 선반 등 품목별로 선별된 3~5개의 업체들이 한 장소에서 박람회를 개최하고 입주민을 위한 수백에서 수천만 원에 달하는 경품과 여러 이벤트를 준비하기도 한다.

업체의 입장에서는 이렇게 박람회에 참가하게 되면 시중가보다 할인된 가격에 상품을 판매해야 한다는 부담감이 조금 있긴 하지만, 당장 상품이나 시공들을 구매해야 하는 고객들이 한꺼번에 몰려 있는 현장이기 때문에 업체들의 수익은 어마어마하다. 그렇기 때문에 공동구매에 참여하기 위해 예비입주자 대표진들을 상대로 영업을 하거나 그 공동구매를 좌지우지할 만큼의 영향력을 가진 사장님들과 인맥을 쌓으려고 노력한다.

업체를 운영한 지 얼마 되지 않았을 때 이런 공동구매가 있다는 건 알고 있었지만 어차피 자격미달이라 나에게는 관심밖의 영역이었다. 좀 더 실력을 쌓고 경력도 쌓이면 언젠가는 한번 도전해보아야겠다는 막연한 생각을 가지고 있었다. 그런데 어느 날, 공동구매를 주관하는 사장님으로부터 공동구매에 참가하지 않겠냐는 의뢰가 들어왔다. 청소업체로는 공동구매에 참여할 만한 실력을 가진 업체들이 거의 없었던 시절이었고, 언제나 다른 품목보다 말이 많았던 청소 때문에 골머리를 앓던 사장님이 입소문으로 우리 업체를 알게 되었다고 했다. 업체를 시작한 지 1년 남짓 된 우리 업체가 과연 공동구매 행사에서 유명한 업체들과 어깨를 나란히 하며 경쟁할 수 있을지 고민이 많았다. 하지만 언제든 시작은 있으니까 이렇게 좋은 기회를 놓치게 된다면 나중에 크게 후회할 것도 같고, 좀 더 큰 곳에서 부딪혀 보자는 마음으로 공동구매에 참가하게 되었다. 보통은 사업자등록증상 운영한 지 3년 이상이 된 업체들만 참가할 수 있지만, 이런 부분들도 주최하는 사장님의 인맥에

의해 조금씩 조절되기 때문에 그만큼 주최하는 사장님에게 잘 보여야 할 수밖에 없다.

그렇게 제대로 된 제안서조차 만들지 못했던 우리 업체는 우여곡절 끝에 공동구매에 참가하게 되었다. 그때만 해도 수많은 예약을 한꺼번에 받아 예약 걱정에서 자유로워질 것이라는 생각과 돈을 많이 벌 수 있을 것이라는 핑크빛 미래만을 꿈꾸며 설렘을 가득 안고 박람회에 참가했다.

처음 참가했던 아파트는 그리 크지 않은 규모의 아파트였기 때문에 박람회에서 예약 물량은 생각보다는 많이 나오지 않았지만, 입주가 가까워오면서 기존의 청소팀 2팀이 2달 동안 꼬박 청소할 수 있는 예약 물량이 모두 찼다. 이제 예약 걱정은 잠시 내려놓고 현장에 가서 평소처럼 열심히 청소를 하면 되겠다고 생각했다. 이때만 해도 알지 못했다. 신규 아파트 공동구매 업체로서 감당해야 하는 양날의 칼을.

사람들은 자기 자신이 알아본 개별 업체보다 입주자 대표회의에서 선정한 공동구매 업체에게 더 엄격한 잣대를 적용한다. 가격 면에서도 무조건 경쟁력이 있어야 하고, 동시에 시공도 타 업체보다 공동구매 업체가 훨씬 잘해야만 한다는 높은 기준으로 대하는 것이다. 그중에서도 가장 모호한 품목이 청소다. 기술적인 부분이 필요한 품목들은 기술자가 아니면 어디가 어떻게 잘못되었는지 대부분의 고객들은 잘 모르고, 공산품들은 상품의 하자가 있으면 새것으로 교체하면 된다. 하지만 청소는 나도 할 수 있는 것이라고 생각하기 때문에 하나의 티끌도 용납하지 않는다. 컴플레인(complaint)을 걸려면 한도 끝도 없는 것이 청소 서비스다.

공동구매에 참가해본 경험이 없는 우리 업체로서는 그동안의 고객들과는 사뭇 다른 태도에 조금은 당황했다. 개별적으로 까다로운 고객들이 있을 수는 있지만 그 강도가 예전의 고객들과는 달랐기 때문이다. 이런 고객들의 태도 속에는 '나한테 잘못 보이면 우리 아파트에서 일 못하는 수가 있어'라는 마음이 깔려 있었기 때문에 한 고객으로 보기보다는 아파트 전체의 물량으로 봐야 하는 업체의 부담감을 교묘하게 이용하는 고객들이 있었다. 처음에는 그 사실이 두렵고, 혹시라도 우리 업체에 대한 부정적인 평가를 입주자 공동 카페나 밴드에 올릴까 봐 노심초사하며 원하는 것을 다 맞춰주었다.

실제로 그런 몇몇의 고객들은 그것이 자신의 당연한 권리라고 생각하며 자기가 원하는 서비스를 조금이라도 못 받았다고 생각하면 카페에 악의적인 글을 올리고 글 삭제를 조건으로 대가를 요구하기도 했다. 이 때문에 우리 업체뿐만 아니라 다른 품목의 업체들도 시공비를 받지 못하기도 하고, 우리 업체의 경우 작은 실수였지만 현금 300만 원을 내놓지 않으면 카페에 올릴 거라는 협박을 받은 적도 있었다.

통화는 늘 녹음 상태로 되어 있어서 그대로 신고할 수도 있었지만, 업체는 언제나 을이 될 수밖에 없었다. 느는 건 참을성뿐이었던 것 같다. 신규 아파트 예비입대위(예비입주자대표위원회)들은 서로 연락을 하고 지내는 경우가 많고, 공동구매를 이끄는 업체들도 손에 꼽을 정도로 한정되어 있어서 소문은 금방 퍼져 나갈 수밖에 없는 구조였다.

가해자가 누구인지를 떠나 한 아파트에서 입주민을 상대로 큰 사고를 만들어낸 업체가 다른 아파트 현장 공동구매에 참여하는 데는 많은 어려움이 따를 것이라는 것은 불 보듯 뻔한 일이었다. 이런 제한적인 상황과 품목의 특이성으로 공동구매 현장에서 청소를 아무런 클레임 없이 조용하게 마무리하는 것 자체가 정말 대단한 일일 수밖에 없다. 첫 현장에서 매일매일 올라오는 카페의 글들을 관리하고 현장을 뛰어다니고 소소하게 발생하는 클레임을 처리하느라 나는 거의 멘붕 상태가 되었다. 그리고 한 달이 지나자 눈은 충혈되고 입술은 터지고 몸이 말이 아니었다. 이쯤 되니 돈이 중요한 게 아니었다. 그렇게 책임감 있게 하다 보니 그래도 이름이 알려져 후반 물량은 물밀듯 밀려들었지만, 돈보다 몸과 멘탈부터 챙겨야겠다는 생각에 그 후에는 예약을 받지 않았다. 그리고 첫 공동구매 현장을 무사히 마무리하고 나는 생각했다. '아, 이제 공동구매 현장은 안 들어가야겠구나'라고.

그만큼 멘탈이 붕괴되고 늘 살얼음판을 걷는 기분으로 잠도 제대로 못 자면서 현장에서는 강도 높은 일까지 하려니 이건 사람이 할 짓이 못 된다는 생각이 들었다. 하지만 스파르타식으로 현장에서 부딪히면서 배우니 첫 현장에서 배운 점도 정말 많았다. 뜨거운 물도 목구멍만 지나면 금방 잊힌다고 했나. 한 달이 지나고 새로운 공동구매 제의가 왔을 때 다시 한 번 홀린 듯이 승낙을 하게 되었다. 그때의 괴로움은 서서히 잊히고 또다시 시작된 예약에 대한 부담감과 공동구매 현장에서 벌었던 높은 수익을 외면할 수는 없었다.

그렇게 가장 치열한 공간에서 매일매일 적지 않은 물량을 소화하고 하루하루를 이어 나가다 보니 어떤 식으로 고객들을 대해야 하는지, A/S를 요청 받지 않으려면 어떤 방법으로 서비스가 이루어져야 하는지, 무리한 요구를 하는 고객에 대한 대처 방법과 하자가 발생했을 때 처리 방법 등 다양한 부분에서 고민하며 일을 처리해 나갔다. 어쨌든 현장에서 버티려면 적응해야 했고, 달라져야 했고, 성장해야 했기에 급진적인 발전이 이루어질 수밖에 없었다.

너무나 치열한 시간이었지만 되돌아보면 정말 많은 것을 깨닫고 배울 수 있는 소중한 시간이었다. 그렇게 우리 업체는 점차 공동구매 현장에 익숙해지고, 조금씩 이름을 알려 나가면서 계속해서 입주하는 대부분의 아파트에 공동구매 업체로 참여하게 되었다.

공동구매 현장에서 살아남기

앞서 말했듯 공동구매는 양날의 칼이다. 높은 수익을 얻을 수 있는 현장이기도 하지만, 그만큼의 책임감과 높은 서비스 정신을 기본으로 갖추고 정신적인 스트레스를 감당할 수 있는 멘탈 또한 겸비해야 한다.

지금은 공동구매 박람회 행사 진행방식이 초기 공동구매 박람회 시절과 바뀐 부분이 많기 때문에 업체 입장에서는 참가 단계 시점부터 조심해야 할 것들이 많아졌다. 혹시 이 글을 읽는 신규업체 사장님들에게 공동구매 참가 의뢰가 왔을 때 실수하지 않기 위해 점검해야 할 사항들에 대해 이야기해보려고 한다.

고수익을 낼 수 있고, 만성적인 고민거리인 예약 물량에 대한 부담감에서 벗어날 수 있기 때문에 굉장히 매력적인 현장일 수도 있지만, 요즘은 제대로 알아보지 않고 덜컥 참가하겠다고 했다가 참가비만 날리고 수익을 제대로 얻지 못하는 경우도 다반사이기 때문에 사전에 점검해야 할 사항이 많다.

예전에는 공동구매를 주관하는 단체라는 것이 없었다. 입주 아파트 입주자대표회의에서 이전에 입주한 아파트의 입주자 대표회의 임원들을 만나서 공동구매 박람회 행사 진행방향에 대해 도움을 요청하는 것이 대부분이었다. 박람회만을 전문적으로 다루는 업체가 없었기 때문에 박람회를 기획해본 경험이 있는 큰 규모의 업체에 연락을 해서 박람회 진행과정을 거의 일임하는 형식으로 진행되었다. 진행방식도 그렇고 업체들 사정은 업체가 가장 잘 알기 때문이다. 그렇기 때문에 개인적으로 연락을 받는 업체는 계속해서 아파트 예비입대위들의 부름을 받게 되었고, 큰 규모의 아파트 현장 공동구매를 좌지우지하다 보니 막강한 힘을 가질 수밖에 없었다. 품목별로 차등은 있겠지만, 개별 업체의 입장에서는 대부분의 입주가 이루어지는 2달여간의 입주 기간 동안에만 수천만 원에서 억대의 수익을 낼 수 있는 현장에 넣어줄 수 있는 유일한 연줄이기 때문이다.

공동구매에 참여하기 위해서는 아파트 측으로부터 연락을

받는 아주 예외적인 경우를 제외하고는 아파트 입주자대표들과의 접촉이 결국 공동구매 행사를 따낼 수 있는 유일한 길이었다. 그래서 이 루트를 아는 사장님들은 그들과 접촉하기 위해서 입주를 일 년이나 앞두고 미리미리 영업을 하기도 하고, 공동구매를 주관하기 위해 신규 아파트 분양권을 사고 입대위가 돼서 입주 초기 단계에서부터 공동구매 박람회의 모든 권한을 가질 수 있는 위치를 스스로 부여하기도 한다.

어떤 업체가 그 아파트 공동구매를 주관하든 그 시절에는 박람회를 개최할 때 업체들로부터 참가비를 과하게 받지는 않았다. 지금처럼 벡스코나 큰 장소를 빌려서 하지도 않았고, 대부분 LG전자 매장이나 하이마트처럼 전자제품 매장에서 진행하는 경우가 많았기 때문에 장소 대여료가 따로 들지 않았다. 물론 주관을 맡게 된 업체 입장에서는 대표진들을 여러 번 만나야 하고 박람회 진행을 도맡아서 해야 하는 번거로움이 있었지만, 우리 업체가 참가한다는 것만으로 솔선수범해서 박람회를 진행했다. 진행 비용 또한 경품행사, 박람회 홍보비용, 테이블 대여비용 등을 고려해서 최대한 업체들의 부담을 줄이는 선에서 진행이 되었다. 대부분의 박람회 참가비용은 30~50만 원선이었다.

하지만 지금은 상황이 많이 달라졌다. 전문적으로 박람회 행사만을 통해 수익을 얻으려는 공동구매 박람회 전문 기획사들이 생겨나 전국의 입주 아파트들을 타깃으로 대대적인 영업을 하며 몸집을 키우기 시작했고, 불과 1~2년 만에 우리나라의 거의 모든 지역 아파트들이 이런 기획사들에게 박람회 진행을 맡기는 상황이 되었다. 그 지역에서 한 업체의 영향력이 아무리 크다 하더라도 박람회 진행만을 위해 만들어진 기획팀의 체계적인 시스템과 수십 개의 팀으로 움직이는 대형 기획사들을 상대할 수는 없었다. 그리고 그들은 따로 입주자대표들을 상대로 영업도 하고 박람회를 따내기 위해 수천만 원을 아파트에 투자하기 때문에 개인 업체의 역량은 역부족일 수밖에 없다. 박람회에 들어가는 비용 이외에 현장을 따내기 위한 영업비용과 아파트 발전기금(?)만 해도 수천만 원을 웃도는데다가 기획팀 또한 수익을 남겨야 하는 상황이니 당연히 이 금액은 고스란히 업체들의 몫이 된다.

그래서 예전에는 30~50만 원 정도의 참가비용이 요즘에는 1, 2차 포함 300만 원에서 많게는 600만 원에 달하는 현장들도 생겨나기 시작했다. '그렇게 큰돈을 내고 박람회에 참여한다고?'라고 생각할지도 모르겠지만 실질적으로 지금도 많은 업체들이 공동구매 참여비용으로 이 정도의 금액을 내고 있다.

어떤 기획팀에서 5천만 원을 아파트에 투자하겠다고 하면 다른 기획팀에서는 8천만 원을 투자하겠다고 한다. 서로 제 살 깎아먹기 식으로 치열하게 영업을 하다 보니 아파트 입대위들 입장에서는 가만히 앉아서 제일 많이 투자하는 기획팀을 선정만 하면 되는 것이다. 기획팀들 간의 이런 무리한 영업방식으로 인해 또 여러 가지 문제가 발생하게 된다.

예전에는 한 품목당 2~3개 정도의 지역 업체들이 참가했기 때문에 공동구매 박람회에 참가하기만 하면 어느 정도는 수익이 보장되었다. 하지만 지금 기획팀들은 고객들의 선택의 폭을 넓힌다는 명목으로 인기 품목은 5팀에서 많게는 8팀까지 넣어버린다(실제로 최근에는 부산의 1800세대 입주 아파트 박람회에 줄눈 품목 업체만 12개 업체를 넣었다.). 그들 입장에서는 참가업체가 많으면 많을수록 돈을 벌 수 있기 때문이다. 입주자대표회의진과의 협상에서는 최고의 팀을 모아 오겠다고 장담하지만 이렇게 큰 금액을 내고 박람회에 참가할 팀들이 그리 많지는 않다. 그렇기에 팀 모으기에 급급해하는 기획팀들도 있는데, 이때 창업한 지 얼마 안 되는 업체에도 손을 내밀게 된다. 아무것도 모른 채 공동구매에 참가하면 돈을 많이 번다는 말만 듣고 참가했다가는 낭패를 볼 수도 있는 것이다.

전국에 아파트는 셀 수 없이 많이 들어서고 있고, 이 기획팀들은 참가업체가 얼마를 벌어가든지 관심이 없다. 자신들은 오로지 신규 아파트 현장을 따내고 행사만 개최하면 그것으로 끝인 것이다. 기획팀들의 또 다른 횡포는 모든 현장에 무조건 참가하라고 요구하는 것이다.

일명 대박 현장으로 불리는 현장에는 부담스러운 참가비를 내고 들어간다 하더라도 어느 정도의 수익을 낼 수 있기 때문에 부담을 안고서라도 참가를 하게 되는데, 누가 봐도 변두리 지역에 미분양인 아파트에의 박람회는 입주율도 낮고 박람회에 참여하는 고객 수도 적기 때문에 거의 수입이 없을 현장이라고 봐도 무방하다. 업체의 입장에서는 망할 행사임이 분명하기에 선뜻 거금을 들여 참가하는 것이 꺼려질 것이다. 이럴 때 기획팀은 그다음 현장을 운운하며 이번 행사에 참가하지 않으면 다음 행사 때는 참가하지 못할 것이라고 설득하지만 결국 협박인 셈이다. 여기서 업체에게 선택권은 주어지지 않는다. 계속하거나 그만하거나 둘 중 하나인 것이다. 물론 대박 현장이 있을 수도 있겠지만, 대박 현장은 행사를 진행해보기 전에는 아무도 모른다. 언제가 될지도 모르는 그 대박 현장을 바라보며 다른 현장에 참여하다가 배보다 배꼽이 더 커져서 참가비가 없어서 참가를 못하게 되는 경우가 생기기도 한다.

여러 문제점을 안고는 있지만, 업체 입장에서는 개별적으로 홍보하기가 너무 어렵고, 공동구매 업체라는 타이틀 하나만으로도 입주민들이 우선적으로 선택할 수 있는 위치를 가지기 때문에 울며 겨자 먹기로 참여하는 경우가 많다. 더 큰 문제는 이런 대형 기획사들의 곁가지로 생겨난 작은 기획사들이다. 대형 기획사들은 그래도 예비입주자 대표진들과 아파트와 직결되어 인정받은 행사라 할 수 있는데, 이런 작은 기획사들은 자기들끼리 행사를 만들고 진행을 하기 때문에 '유령 행사'라고 해도 과언이 아니다. 실제로 한 아파트 입주를 앞두고 본 박람회 이외에 이런 작은 기획사들이 진행하는 행사들도 있는데, 많게는 한 아파트를 상대로 3번의 행사가 치러지기도 한다.

어쨌든 이 과정에서 문제가 발생된다. 대형 기획사들은 기본적으로 움직이는 팀들이 어느 정도는 있다. 그 이외에 지역 업체들을 투입시켜서 행사를 진행하곤 하는데, 이런 소규모 기획팀들은 팀이랄 게 없다. 솔직히 말하면 '사기꾼'이라고 표현하고 싶다. 그들은 기본적인 양심도 없다. 대표진들과 그 어떤 협약도 이루어지지 않았기 때문에 행사비만 받고 업체가 예약을 1건을 받든 2건을 받든 관심이 없다. 그냥 아무것도 모르는 순진한 업체들에게 마구잡이로 전화를 걸어 공동구매 행사에 참여하라고 권한다. 아는 사장님은 그 소규모 기획팀 사장의 '그나마 우리는 참가비를 조금만 받는다'라는 감언이설에 속아 행사에 두 번 참여하고 500만 원을 고스란히 날렸다.

내가 창업을 한 지 얼마 안 되었는데 이런 기획팀에서 연락이 와서 행사를 권한다면 꼭 꼼꼼하게 따져봐야 할 것이다.

공동구매와 기획사에 대한 사전 지식 없이 어떤 행사가 정식 행사인지, 어떤 현장에 참여해야 괜찮은지에 대한 기준을 알아보자.

먼저, 입주자대표회의와 정식적으로 협의된 행사인지를 알아봐야 한다. 사기꾼 기획사인 경우에는 자기들이 정식으로 선정된 기획사라고 거짓말하는 경우도 있다. 보통 정식으로 선정된 기획사는 아파트 입주자대표회의에서 운영하는 입주민 카페와 밴드에 카테고리를 열어 입주민을 상대로 온라인 홍보를 할 수 있게 해주는데, 이게 안 된다고 말하면 그 기획사는 정식 기획사가 아니라고 생각해도 무방하다.

여기서 한 아파트에도 카페가 여러 개가 있을 수 있다. 그 아파트의 카페들을 검색해보면 입주자 대표진들이 쓴 글들이 있고, 가입자 수가 제일 많고 활발한 활동이 이루어지는 카페가 있다. 이 카페가 메인 카페이고, 그 카페에 등록된 기획사가 어디인지 확인해보면 된다.

같은 1000세대 입주 아파트라고 해서 모든 아파트가 비슷한 성과를 올리지는 못한다. 그렇다면 일명 대박 현장과 피해야 하는 현장은 어디일까. 물론 대박 현장이란 것이 딱 정해져 있는 것은 아니다. 기획팀의 기획력과 홍보력, 아파트 기존 입주민들의 온라인 집결도에 따라서 행사의 성패 여부가 갈리는 편인데, 일단 그 지역에서 중심가에 위치한 아파트(분양가가 높은 아파트), 그리고 카페나 밴드가 활성화되어 있는 아파트, 입주율이 높은 아파트 등은 대박 현장이라 봐도 무방하다. 이런 아파트들일수록 작은 기획팀들에 의한 소규모 행사들이 많이 이뤄지기 때문에 잘 따져봐야 한다.

그리고 피해야 하는 현장은 이와 정반대의 아파트라고 보면 된다. 업체를 운영하다 보면 분명 어느 순간에 공동구매 참여 의사를 물어오는 일이 생길 것이다. 물론 공동구매의 이런 불합리한 여건들 때문에 아예 참여하지 않는 사장님들도 많다. 나 또한 공동구매는 없어지는 게 더 좋다고 생각한다. 하지만 한 번쯤 경험해보고 싶다면, 이런 상황들을 이해하고 꼼꼼히 점검한 후 참여의사를 밝히길 권한다. 업체 사장님들이 공동구매 현장을 결정하는 데 조금이나마 도움이 되길 바라는 마음이다.

공동구매 업체가 잘하는 거 맞나요?

입주를 앞둔 아파트에서 공동구매를 하는 목적은 무엇일까. 새로운 공간으로 이사하기 전에는 준비해야 할 것들이 참 많다. 가장 기본적인 '이삿짐센터 예약'부터 시작해서 청소, 줄눈, 새집증후군, 중문, 커튼 등 다양한 시공을 해야 하는데 일일이 찾아보려니 시간도 많이 들고 내가 찾은 업체들이 좋은 업체라고 장담할 수도 없다. 대단지 입주아파트에는 이런 집이 한 집이 아니라 입주를 앞둔 수백 가구가 똑같은 고민을 안고 있다.

그런데 예비입주자대표회의에서 시중가보다 더 저렴한 가격으로 A/S 걱정까지 없는 베테랑 업체들만을 선정해서 공동구매 박람회를 연다고 한다. 거기다 그 업체들은 아파트 발전 기금 명목으로 아파트를 위해 선물도 준다고 하고 박람회에서 예약한 고객들에게는 수백만 원에 달하는 경품의 기회까지 주어진다고 하니 입주민들 입장에서는 환영할 수밖에 없는 행사일 것이다.

그렇다면 대부분의 입주민들은 이런 박람회에 방문해서 시공 품목들을 예약할 것이라는 결론이 나온다. 처음으로 새 아파트 입주를 하는 고객들은 높은 신뢰도로 박람회에 가서 다양한 상품들을 계약한다. 하지만 새 아파트 입주를 여러 번 한 고객들 사이에서는 공동구매 박람회에 의문을 가지는 사람들도 있다. 그 사람들은 분명히 잘한다고 해서, 시중가보다 저렴하다고 해서, 공동구매 업체에 다양한 시공을 맡기고, 상품을 구매했는데 지나고 보니 특별히 싸게 산 것 같지도, 더 나은 품질의 시공을 받은 것 같지도 않았던 경험이 있었던 것이다.

이런 분들은 '과연 공동구매가 잘하는 업체를 뽑아 놓은 게 확실한가?'라는 의문을 제기할 수도 있을 것이다. 결론부터 말하자면 '글쎄요'다. 공동구매가 처음 생겨난 시점에는 자신 있게 "그럼요. 공동구매 업체는 예비입주자대표진들이 내세운 까다로운 심사조건에 부합하는 책임감 있고, 시공 능력 또한 뛰어난 업체들입니다. 안심하시고 계약하시면 돼요"라고 말했을 것이다. 하지만 시간이 지나면서 나부터도 공동구매에 참여하는 업체의 질에 대한 의문이 생겨났다. 업체 선정이 주관하는 하나의 업체나 기획사 대표에 의해 결정되다 보니 그들과 개인적인 친분이 있거나 개인적인 영업이 통했던 업체들은 품질이 좋고 나쁘고는 상관없이, 가격이 적정 가격이냐를 떠나 무조건 참가할 수 있는 프리패스권을 가지고 있다고 보면 된다. 개업한 지 3년 이상, 공동구매 현장 경험 3회 이상의 업체 선정은 이제 무의미해진 기준이 되었다. 예전과 달리 업체 선정 단계에서부터 입주자대표진들과 주관사가 머리를 맞대고 적정 업체를 뽑는 단계가 생략된 것이다. 이미 잡아놓은 현장에 내 마음대로 업체들을 넣을 수 있으니 어떤 업체 사장님은 갑자기 품목을 늘려 타 업체를 섭외하고 예약 받은 개수만큼 20퍼센트의 커미션을 받아내는 경우도 있다.

기존에 어느 정도 자리 잡은 업체들은 공동구매 참가비 이외에, 20퍼센트의 커미션을 더 지불해야 하는 큰 부담을 안으면서까지 공동구매에 참가하지 않는다. 하지만 신규업체에서는 어차피 예약도 얼마 되지 않으니 무리해서라도 참가해보려고 한다. 공동구매 경력은 고사하고 창업한 지 얼마 되지도 않은 그 업체가 과연 잘하는 업체일까.

실제로 어떤 현장에서는 고객이 공동구매에 참여한 한 커튼 업체에 "시중가보다 더 비싼 거 같은데 원래 이렇게 비싼 거냐, 왜 이렇게 가격 차이가 많이 나냐"라고 물었을 때 고객 응대에 익숙하지 않은 사장님이 자신도 이렇게 비싼 참가비에 커미션까지 줘야 하기 때문에 가격을 올려서 받을 수밖에 없었다고 해서 한바탕 소동이 일어난 경우가 있었다.

입주자대표진 입장에서는 개별업체에 대한 정보가 전혀 없다. 제안서만을 토대로 업체를 선별하는데, 제안서 자체 양식이 거의 비슷해서 우열을 가리기가 힘들고, 잘 알지도 못하는 업체를 뽑아서 추후에 문제가 될 소지를 만들 필요도 없을 것이다. 그래서 업체들에 대해 이미 잘 알고 있는, 주관하는 업체의 의견에 의존할 수밖에 없는 것이 사실이다. 혹시 문제가 될 시에는 주관사에 책임을 물을 수도 있으니 말이다.

이런 정황들을 미리 모두 파악하고 있는 기획사에서는 처음부터 끝까지 입주자대표진들은 아무것도 하지 않아도 된다고, 최고의 팀을 모아 최고의 박람회를 개최할 것이라고 안심시킨다. 하지만 말처럼 그렇게 최고의 팀을 모을 수 있을까. 위에서도 말했지만 어차피 내 마음대로 팀을 넣을 수 있기 때문에 커미션을 목적으로 이런 신규업체들을 넣어놓게 되면 그 업체에게 프로페셔널한 모습을 기대하긴 어려울 것이다.

또 많은 업체가 참가할수록 참가비를 많이 벌 수 있기 때문에 기획팀들은 무리하게 여기저기서 업체 끌어들이기에 급급한 실정이 되어버렸다. 그마저도 참가하는 업체들이 같은 지역 업체가 아닌 경우가 너무 많다. 기획팀은 전국을 돌면서 모든 아파트를 영업하는데, 이때 이 기획팀들과 함께 움직이는 팀들이 있다. 대구에 들어서는 아파트 박람회에 전국에서 온 업체들이 포진해 있는 것이다. 별 문제가 없으면 상관이 없겠지만, 혹시라도 A/S가 발생되면 차일피일 미루며 A/S를 제대로 해주지 않는 경우가 빈번하게 발생한다. 뒤늦게라도 사후처리가 잘 이루어지면 다행이라고 생각해야 할지도 모르겠다. 연락을 아예 안 받는 업체들도 많다. 타 지역의 업체더라도 기획팀들과 계속해서 전국의 공동구매 현장을 돌면서 일하는 업체면 다음 현장에 들어가기 위해서라도 이전 현장들에 대한 책임감을 어느 정도 가지고 있는데, 현장에 참가했다가 참가비만 날리고 시공은 제대로 따내지도 못한 업체 입장에서는 다시는 공동구매에 참여하지 않겠다며 일부러 A/S를 해주지 않는 업체도 있다. 물론 그 업체 사장님의 책임감 문제일 수도 있지만 무분별하게 업체를 선정해서 자신의 이익만을 챙기려는 기획팀들의 영업방식 자체에 문제가 있는 것이라고 볼 수 있다.

상황이 이렇다 보니 공동구매 업체들이 가격과 시공기술 면에서 시중의 다른 업체보다 더 좋은 선택지일 거라는 것에 대해서는 장담하기가 힘들다. 그나마 몇 달 후에 사라질 업체가 아니기 때문에 그래도 믿고 한다고는 하지만 역시 불안한 것도 사실이다. 그래서 공동구매든 아니든 업체 선정에 있어서 가장 중점적으로 봐야 할 부분은 '우리 지역 업체인지'이다. 예전부터 공동구매 현장 경험이 많은 업체들도 여전히 공동구매 박람회에 참가하기 때문에 우리 지역에서의 공동구매 경력도 따져보고, 가격비교와 시공 서비스 등을 꼼꼼히 따져봐야 할 것이다. 사장님의 고객응대가 친절하고 모든 질문에 망설임 없이 잘 설명해주는 업체를 선정하는 것 또한 도움이 될 것이다.

4장

전문인을 양성하는 청소전문 교육학원

또 다른 도전,
청소국비교육학원을 차리다

새로운 직업을 구하려고 했을 때 가장 먼저 떠올리게 되는 순서는 아마도 학교나 학원을 알아보는 것일 것이다. 음식점을 하든, 바리스타가 되든, 미용을 하든 수습생으로 들어가거나 학원에 등록해서 그 분야의 교육을 받고 연습하고 내 것을 만들어야 뭐든 할 수 있을 테니 말이다.

처음 내가 이 일을 하기로 마음먹었을 때부터 가장 막막했던 부분은 배울 곳이 없다는 것이었다. 분명히 현재에도 수많은 업체가 나름의 노하우로 업체를 운영하고 있는데, 이 사람들은 도대체 어디서 기술을 배워서 업체를 운영하는 것인지 궁금했다.

제빵, 미용, 인테리어, 세무, 회계, 조리사, 도배, 건축, 용접학원 등의 기술을 가르쳐주는 학원들은 넘쳐난다. 하지만 청소나 줄눈, 연마, 코팅 등을 가르쳐주는 학원은 없었다. 인터넷을 뒤져서 몇 군데를 찾아 전화해보면 2일 교육에 몇백을 호가하는 곳이 대부분이었고, 그마저도 전국에 한두 군데밖에 없었다. 아니면 가맹점 타이틀을 받아야 하고, 한 달간의 실습비를 포함한 교육비는 천 단위에 이르는 곳들도 있었다. 기존의 청소에서 좀 더 품목을 늘리기 위해 교육이 필요했지만 교육비에 대한 부담이 만만치 않았다. 완벽하게 정식 품목으로 자리 잡게 될지도 모르는 상황에서 너무 부담스러운 금액이었다.

하지만 그렇기에 투자금액을 생각한다면 한 번 배운 기술들은 어떻게든 숙련하여 정식 품목으로 자리 잡게 만들 수밖에 없었다. 그렇게 전국을 수소문해서 돌아다니며 기술들을 하나씩 배워 나갔다.

배우러 간 당시에는 아무것도 모르는 백지상태였기 때문에 어떤 질문을 해야 하는지, 가르쳐줘야 할 부분을 놓치거나 잘못 가르쳐줘도 알지 못했다. 그저 하나라도 놓치지 않고 더 배워야 된다는 마음으로 수업에 집중하려고 노력할 뿐이었다. 그렇게 배운 것을 현장과 맞닥뜨려 접목시켜 보면 참 아쉬운 교육이 너무나도 많았다.

한 번 배웠다고 잘할 수는 없겠지만, 그래도 현장에서 흔히 발생할 수 있는 상황이나 후처리 등 한두 번만 해봐도 드러나는 문제점들조차 가르쳐주지 않았던 것이다. 여러 번 전화해서 이런 부분은 어떻게 하느냐, 이건 안 되던데 잘못된 거 아니냐고 물어볼 수밖에 없었고, 지나고 나서 생각해보니 '그 선생님은 현장 경험이 거의 없었구나' 하고 깨닫게 된 경우도 있었다. 학원으로 등록된 곳이 아니라 조그마한 사무실 한편에서 사설로 하는 교육이 대부분이라 교육의 질과 교육시설에 대해 어딘가에 항의할 수도, 평가할 수도 없었다.

수백만 원의 교육비를 지불하고 이런 허술한 교육을 받는 것 자체가 분통 터질 노릇이었지만, 중요한 건 그마저도 가르쳐주는 곳이 없었기 때문에 새로운 기술을 익히기 위해서는 이런 곳이라도 찾아가야만 하는 것이 현실이었다.

수차례 교육을 받으며 느낀 건, 무엇보다 실습환경이 너무 열악하다는 점이었다. 그런 곳을 여러 군데 다녀보고 실제 현장에서 배운 것들을 접목하면서, 제대로 된 교육이 이루어지려면 어떠한 환경을 갖추고 어떤 이론들을 가르쳐야 하는지에 대한 생각들이 계속해서 머리를 떠나지 않았다. 그러면서 언젠가 나도 이런 기술교육들을 제대로 가르쳐주는 기술교육원을 해봐야겠다고 어렴풋이 생각했다.

업체를 운영하면서 주변에서 계속 청소와 그 외에 다른 품목들의 기술교육을 받고 싶다는 문의가 참 많았다. 하지만 그 당시에 우리 업체가 운영하는 기술과 노하우들을 가르쳐주는 건 업체의 가치를 그대로 넘겨주는 상황이라 불가능하기도 했고, 그동안 만만치 않은 금액의 교육비를 들여 우리만의 노력으로 축적한 고급 노하우들을 도대체 얼마를 받고 가르쳐줘야 할지도 감이 안 섰다. 더욱이 현장일이 너무 바빴기 때문에 그 외의 다른 무언가를 준비한다는 것이 불가능한 상황이었다.

그 후, 몇 년 동안 정신없이 들어서던 신규 아파트들이 조금 주춤해지면서 시간에 여유가 생기기 시작했고, 그때부터 천천히 학원을 준비해 나갔다. 교육학원의 핵심은 현장에서 바로 적용할 수 있는 기술교육과 상황별 고객응대법, 사후관리요령 그리고 제대로 갖춰진 실습장과 가장 중요한 교육비였다. 훈련생이 얼마나 될지 불확실한 상황에서 학원을 준비하는 데까지 많은 고민들이 있었다. 그래서 진입장벽을 낮추는 돌파구로 '국비지원학원'을 생각했다. 국비지원학원을 인증 받는 것부터 보통 어려운 게 아닌 데다가 청소 분야에 국비지원학원이 있는지조차 몰랐다. 수소문 끝에 서울 쪽에 청소국비지원학원이 있다는 걸 알아냈다. 이미 7년 정도 운영 중인 이 학원은 우리처럼 다양한 품목보다는 '청소' 한 과목에 집중하여 교

청소국비교육학원 수업시간
(위 줄눈시공 실습, 아래 싱크대 상판 연마 코팅 실습)

청소국비교육학원 수업시간
(위 강의실, 바닥 세척/아래 계단 청소 실습, 인테리어 필름 시공 실습)

육을 진행하는 것처럼 보였다. 그때부터 고용노동부 쪽과 교육청을 수없이 오가며 고용노동부인증 국비지원학원을 준비했다. 준비하는 과정에서도 청소 분야로 학원 등록을 하는 것 자체가 생소해서 담당자들도 잘 알지 못하는 부분이 많았다. 일은 아주 더디게 진행되었지만 결국 준비를 시작한 지 2년 반 만에 인증을 받을 수 있었다.

요즘도 청소를 국비로 가르쳐주는 학원이 있는지 몰랐다며 찾아오는 훈련생들이 굉장히 많다. 제대로 배워야 하는 전문직임에도 불구하고 학원이 없어서 못 배우고 있었던 사람들, 창업을 생각하고 있는 사람들, 청소와 접목할 수 있는 다양한 기술교육이 필요한 사람들의 호응이 높았다. 무엇보다 국비지원을 받아서 교육비가 저렴하다는 것이 큰 장점이었다.

대한민국 국민이면 누구나 받을 수 있는 내일배움카드를 발급받아 나라에서 교육비 지원을 받을 수 있는 국비지원학원 중에 '청소'를 배울 수 있는 곳은 전국에 딱 세 곳이 있다. 서울, 대전, 울산. 이렇게 세 곳밖에 없으니, 우리 학원만 해도 거제도, 전라도, 양산, 경주, 부산에서 숙소까지 잡아놓고 수업을 듣는 훈련생들도 많다. 타 학원들이 나름의 프로그램들을 기본 수업에 접목하고 있지만, 다양한 프로그램을 한꺼번에 배울 수 있는 곳은 우리 학원이 유일하다.

기본적으로 청소 직종에서 배워야 하는 NCS전공교과 이외에 비NCS교과에 힘을 주어 청소뿐만 아니라 줄눈, 싱크대 상판 연마, 정리정돈, 코팅, 새집증후군 시공, 인테리어 필름 등 청소와 접목해서 부가적인 수익을 창출할 수 있는 다양한 기술들을 과정 안에 다 배워갈 수 있도록 알찬 커리큘럼을 짰다. 무엇보다 현장에서 오랜 시간 일하면서 체득한 기술과 노하우들을 가감 없이 훈련생들에게 전달해주고 있어 만족도도 굉장히 높은 편이다.

미래가 없는 직업이라고 생각하는 사람들도 있을지 모르겠다. 하지만 청소와 접목된 다양한 품목들을 계속해서 배워서 새로운 수익을 창출해내고, 현재는 오랜 현장 경험을 바탕으로 청소전문기술교육학원을 오픈하고, 국가에서 전문기술교육의 필요성을 인정하고 교육비를 지원해주는 국비지원인증을 획득하면서 청소 분야 또한 충분히 새로운 분야로의 발전이 가능한 직종이라는 것을 확인했다.

앞에서도 말했지만, 내가 이 일을 시작하면서 가장 막막했던 것은 꼭 기술을 습득해야만 하는 직업임에도 가르쳐주는 곳이 없었던 것이었다. 다양한 품목의 기술을 전국으로 찾아다니며 각각의 비싼 교육비를 내고 배워야 했기 때문에 한 곳에서 여러 가지 품목을 배울 수 있는 시스템은 훈련생들에게 많은 수

고와 부담을 덜어주었다. 이런 시스템을 구축하기까지 너무나 도 힘든 과정을 지나왔지만 그만큼 뿌듯함도 함께 느낀다.

수료한 훈련생들은 하나 같이 이렇게 말한다. "청소 분야가 이렇게 다양하게 나눠지고, 이렇게 공부해야 할 부분이 많은지 전혀 몰랐다"고. 앞으로는 학원에서 교육을 받은 훈련생들뿐 아니라 대다수의 사람들도 청소업 또한 제대로 된 학원에서 올바른 기술을 습득해야 하는 '전문직'으로 인정하는 인식의 변화도 함께 이루어지기를 바라는 마음이다.

왜 이렇게 한번에 되는 일이 없지?

첫 학원을 운영하면서 매 기수별로 수료식 날 만족도 조사를 실시한다. 학원에서 배웠던 과정들의 만족도와 시설, 교사나 강사들의 만족도도 포함된다. 많은 수료생들이 여러 군데 교육을 받아봤지만, 이렇게 알차고 재미있고 열성적으로 가르쳐주는 학원은 처음이라며 자부심을 가져도 좋을 것 같다는 말을 정말 많이 해준다.

그래서 늘 수업이 지겹지는 않을까, 불필요한 부분을 가르치고 있는 건 아닐까, 난이도는 괜찮을까, 여러 방면에서 걱정하고 있는 내게 그런 응원들은 너무 큰 힘이 된다. 하지만, 늘 나오는 이야기는 '학원이 너무 좁다'였다.

이런 이야기가 나올 때마다 정말 난감했다. 기존 학원의 계약 기간도 아직 남아 있고, 교육청과 고용노동부 두 곳 다 만족할 만한 학원시설을 좁은 공간에서 짜내고 강의와 실습 겸용 공간을 만들기 위해 인테리어 비용이 만만치 않게 들어갔기 때문이다. 시작한 지 얼마 되지 않은 시점에서 앞으로 훈련생 모집이 꾸준히 잘 될 거라는 보장도 없이 무턱대고 넓은 곳으로 이전하기에는 무리가 있었다.

코로나가 시작된 시기와 학원 시작 시점이 비슷했기 때문에 처음엔 훈련생 모집이 되지 않을까 너무 많이 걱정했고, 10명 남짓한 훈련생이 수업을 받기에는 충분하게 느껴졌다.

학원 공간 면적을 최대한 활용해 정원을 24명까지 받아놓고는 있었지만 15명만 되어도 좋겠다고 생각하고 있었는데, 2기 모집부터 전화 문의도 많아서 정원인 20명은 매번 채울 수 있게 되었다. 그렇게 몇 기수를 유지하다 보니 좁다는 말이 나오는 게 당연하기도 했고, 새로운 과정 편성에 대한 필요성을 느끼면서 이곳에서는 계속해서 학원을 유지할 수 없겠다는 생각이 들었다. 그래서 이 정도로만 훈련생이 유지된다면 대출을 받더라도 조금씩 갚으며 유지할 수 있겠다는 생각이 들어서, 1년 정도 월세 계약을 늘리려다가 그냥 더 넓은 곳으로 이전하기 위해 다른 곳을 알아보기 시작했다.

이곳저곳을 둘러보다가 마침 기존의 학원에서 그리 멀지 않고, 대로변에 위치한 괜찮은 곳을 소개받았다. 근처 건물 중에는 제일 깨끗했고, 코로나 기간이라 빈 점포가 너무 많은 탓에 가격도 괜찮아서 무척 마음에 들었다. 4층, 5층을 합해서 140평의 큰 평수였지만, 너무 좁은 학원에 코딱지 같은 사무실에서 인증평가를 하러 온 교수님들이 앉을 공간이 없어 서성거리던 민망한 상황들이 머릿속에 떠올라 이건 운명이라며 홀린 듯이 계약을 했다.

그때만 해도 행정직원도 없이 언니와 내가 행정업무와 수업 준비를 도맡아 했고, 인테리어 과정까지 신경 쓰다 보니 이전하는 기간 내내 정말 힘들었다. 현장에서 늘 느꼈던 것이지만, 인테리어는 마감기한을 거의 못 지킨다. 여러 번 당부했지만 역시나 우리 학원 인테리어 일정도 거의 보름이 지체되었다. 기존에 잡혀 있던 수업을 실시하지 못해서 고용노동부 쪽에 수업 딜레이를 두 번이나 신청해야만 했다. 기존 일정대로 수업을 받기 위해 대기하고 있던 훈련생들이 수강취소를 해서 경제적으로도, 학원의 이미지 실추로도, 손해가 이만저만이 아니었다.

인테리어는 시작부터 난관이었다. 기존의 공간이 독서실이어서 칸칸이 나뉜 공간을 모두 뜯어내야 하다 보니 철거작업부터 비용이 엄청나게 들어갔다. 그 외에 바닥 작업, 인포메이션 공사, 조명, 목공 공사, 냉온풍기 설치 등 모든 부분에서 원래 계획대로 이루어지지 않아 계속해서 작업이 늦춰졌다. 또 책상, 사무실 집기 구매, 인터넷 설치부터 정수기 설치 같은 아주 소소한 부분까지 한번에 끝나는 법이 없었다. 이상하게 일정은 꼬이고, 두 번 세 번 확인을 해야 그제야 하나가 겨우 완성되었다.

가장 큰 문제는 따로 있었다. 다 완성된 학원에 교육청 직원이 나와 건축법상 복도가 만들어져야 한다고 해서 다 끝난 인테리어를 뒤엎고 중간에 흉물스러운 복도를 만들어야 했던 것이다. 수업 시작일이 코앞이라 급하게 마무리했고, 고용노동부에 현장답사를 신청했더니, 이번에는 줄눈 실습장이 크기가 맞지 않다며 실습장과 사무실을 다 뜯어내고 크게 만들라는 것이었다.

세부적으로 들어가면 정말 어이없는 상황들이었고, 줄눈은 비전문교과 과목이라 학원 내에서 실습이 이루어지지 않아도 상관없고 비교 기준조차 없기 때문에 실습장이 없어도 됐었지만, 그때는 담당 주무관의 한마디에 학원 오픈이 결정되는 상황이라 이러지도 저러지도 못해 매일 마음을 졸이면서 보냈다.

결국 이론교육실 바닥에 타일을 깔아서 실습실 겸 강의실 겸용으로 사용하면 되지 않겠냐고 설득해서 힘들게 인증허가를 받긴 했지만, 몇 센티미터 차이로 생각지도 못했던 몇백의 인테리어 비용이 더 들어가게 되었다.

집기를 다 넣고 마지막 인테리어를 마무리하고 정말 웬만하면 앞으로는 학원 이전은 못하겠다고 느꼈다. 솔직히 너무 많은 일들이 꼬이니까 '이 터가 우리랑 맞지 않는 건가' 하는 터무니없는 생각까지 들었다. 우여곡절 끝에 인테리어를 마무리하고 이사를 하고, 교육청, 고용노동부 관련 행정시스템들을 모두 마무리 짓고 겨우겨우 첫 수업을 진행할 수 있었다.

계획이 자꾸 번복되면서 예민해지고 조급증만 커졌다. 그러다 보니 빠뜨린 부분도 많았다. 처음부터 교육청과 고용노동부 두 곳을 만족시키려면 기본적으로 지켜야 하는 학원이나 교습소의 인테리어 규정을 먼저 확인하고 시작했어야 했다는 생각이 들었다. 시작부터 꼬일 수밖에 없는 공사였던 것이다.

그때는 학원을 여러 군데 해봤다고 호언한 인테리어 업자가 기본적인 것도 확인하지 않고 인테리어를 진행한 것을 원망했었지만, 돌이켜보면 나도 챙기지 못했던 부분이었다.

모든 시스템이 정상화되기까지 거의 한 달이 더 걸렸다. 그동안, 모든 것들이 한번에 진행되지 않아서 큰 부분부터 작은 부분까지 하나하나 되짚어가며 무엇이 잘못된 건지 깨달을 수 있었다. 얼렁뚱땅 진행했지만, 운이 좋아서 그냥 넘어갔다면 무엇이 잘못되었는지도 모른 채, 후에 또다시 그런 실수를 저질렀을 것이다. 그렇게 생각하니 오히려 이 모든 난관들이 나에게 가르침을 주기 위한 시간으로 느껴졌다.

철저히 경험주의자인 내가 좋아하는 '반면교사'라는 단어처럼. 뭐든 그랬던 것 같다. 좋은 건 그대로도 좋았지만, 돌이켜보면 안 좋았던 것, 잘못했던 것, 너무 힘들었던 시간들을 통해서 더 통렬하게 배우게 되었다.

그렇게 지금도 나는 어설프고 또 어설프지만 잘못된 부분을 통해서 느리지만 조금씩 더 꼼꼼하고 단단하게 성장하고 있다고 믿는다.

100세 시대라는데 앞으로 뭘 할까?

학원에 수강신청을 하는 연령층은 20대부터 60대까지 굉장히 다양하다. 예전에 청소업은 나이 들어서 다른 직업에 선택지가 없을 때 선택하는 직업으로만 여겼다. 하지만 최근에는 편견 없이 직업을 바라보는 젊은 사람들에게도 괜찮은 사업 아이템으로 인식되면서 수강생들의 연령대가 다양해지고 있는 추세다. 그래도 수강생 평균 나이가 59세로 여전히 제2의 직업을 찾기 위해 오는 중장년층들이 대부분이다.

청소업은 분명 만만한 직업은 아니다. 강도 높은 육체노동을 동반하고 고객을 유연하게 상대해야 하고 어느 정도의 '말빨'도 갖추어야 하는, 다양한 자질이 요구되는 직업이다. 물론 우리 학원에서는 청소뿐 아니라 정리정돈, 줄눈, 싱크대 연마 코팅, 새집증후군 시공, 인테리어 필름 등 다양한 기술교육을 진행하기 때문에 여러 가지 기술들 중 나에게 맞는 기술을 중점적으로 습득할 수 있다.

60세 이상 되는 수강생들은 수강을 할 때 확연하게 둘로 나뉜다. '내가 할 일은 이미 다했고, 이제 남은 여생을 놀면서 즐기다 가야지'라고 생각하는 분들과 '내 나이가 어때서'라고 외치며 '아직까지 거뜬하게 일할 수 있고, 집에서 놀면 뭐하냐며 살아있는 동안 뭐라도 더 배워서 일할 수 있을 때까지 일해야 한다'고 생각하는 분들로 나뉜다.

전자의 훈련생들은 얼마 전에 퇴직을 하고 난 후 친구들 만나고, 산에 다니거나 운동을 좀 하다가 너무 무료해서 나라에서 교육비 지원도 해준다고 하니 시간 있을 때 기술도 배우고 자격증도 따놓을까 싶어 왔다고 말한다. 직업을 대하는 부분에 있어서는 '내가 할 건 아니지만'을 전제로 하는 것이다. 나라에서 정해준 정년을 다 채웠으니 내가 아이들과 가족들을 위해서 할 일은 다했다. 남은 여생은 벌어놓은 돈 써가면서 여유롭게 살다 갈 거라는 것이다. 이런 분들에게는 여유가 느껴지긴 하지만, 활력이 느껴지진 않는다.

반면, 같은 나이지만 이렇게 건강할 때부터 놀면 나중에는 지겹다고 75세까지는 일하고 싶다고 말하는 분들이 있다. 이런 분들은 뿜어져 나오는 에너지가 다르다. 도전정신이 가득하고 눈은 빛나고, 활기차다. 그리고 그분들은 스스로를 늙었다거나 노인이라고 생각하지 않는다.

나이는 정말 숫자에 불과한 것이고 할 수 있는 한 일하고 싶고, 집에서 놀면 몸만 더 아프고 지겨우니 몸이 허락하는 동안은 생산적인 활동을 쉬지 않을 것이고, 아르바이트라도 하려면 기술이 필요하니까 배울 수 있을 때 열심히 배워놓을 거라고 말한다.

물론 목적은 제각각 다를 수 있다. 희망찬 미래를 꿈꾸며 청소를 시작해서 3년 후에는 큰 업체로 키워 나가겠다는 포부를 가진 분도 있고, 아르바이트라도 해서 손주들 용돈 주는 정도만 벌어도 만족한다는 분들도 있다. 실제로 수료 후 바로 창업하여 지금 현장에서 너무나도 업체를 잘 이끌어가고 있는 장년층 수료생들이 많다.

어떤 수료생은 큰 모텔 인테리어 필름 교체 시공이나 큰 공장 청소를 따내서 같은 기수 수료생들에게까지 일감을 나눠주기도 한다. 가끔 주변 현장에 일하러 왔다가 원장님 보고 싶어서 놀러왔다는 수료생은 '요새 너무 바빠서 이번 달에는 일 좀 그만 받아야겠다. 좀 놀러 다니고 싶은데 바빠 죽겠다'라며 너스레를 떨기도 한다. 체력 면에서도 그렇고 고객과의 소통에서도 잘할 수 있을지 걱정했던 내 생각은 기우였다. 나는 그분들의 긍정적인 마인드와 연륜에서 비롯된 유연한 생각과 대처능력은 생각하지 못했던 것이다.

'어차피 이 나이에는 이런 험한 일 못해'라고 생각하는 분들도 많을 것이다. 나도 예전에는 60세 이상 되면 쉴 나이라고 생각했던 것 같다. 하지만 그분들은 늘 '너무 재밌다. 내 적성에 딱 맞다' 라며 스스로 즐거움과 성취감을 찾아낸다. 이런 분들에게 나또한 정말 많은 에너지를 얻고 많은 것을 배우고 있다. 생각해보면 모든 것이 다 마음먹기 나름인 것 같다.

청소에 있어서 기술만큼 중요한 것이 고객과의 소통, 직원들과의 관계, 사회적 편견으로부터 나 자신을 지킬 수 있는 단단한 마음이라고 생각해서 학원 수업에서는 '마인드 수업'이 전체 24일 수업 중에 2일 편성되어 있다. 다양한 분야의 책을 읽으며 알게 되었던 재미있고, 흥미로운 것들과 심리테스트, 알아두면 좋을 상식들과 앞으로 남은 인생을 위해서 '나 바로 알기', '살아온 시간 동안 나에게 유의미한 사건들 돌아보기', '앞으로의 삶을 계획해보기' 등이 포함되어 있다. 처음에는 마인드 수업을 생소하게 느끼는 수강생들도 많았다. 그런데 수료를 할 때쯤엔 모두 다 필요한 수업이었다고 말하고, 제일 좋은 수업이었다고 말해주기도 한다.

마인드 수업에는 우리가 100세까지 산다는 가정 하에 살아온 시간과 남은 시간들을 비교해보는 시간이 있다. 막연하게 나에게 남은 날을 머릿속으로 그려보는 것보다 지면을 통해서 나의 남은 날들을 시각적으로 받아들이고 나면 남은 날들에 대한 계획을 세워야겠다는 생각이 든다. 조선시대에는 60세만 되어도 큰 어른이었고, 언제 생을 마감해도 이상하지 않을 나이었는지 모르지만, 지금 60대들을 보면 아직까지 너무 건강한 분들이 많다. 이젠 70대 중반을 넘어서야 노인이라 말할 수 있지 않을까.

사회에서 만들어놓은 정년과 퇴직이라는 굴레에서 스스로를 '이제는 사회에서 필요로 하지 않으니까 그냥 적당히 여유부리면서 살다가야지'라고 생각하기엔 우리에게 남은 시간이 너무나도 많은 것이다.

어느 요양시설에서 한 가지 실험을 했다. 그곳 사람들은 자신이 아무것도 결정할 수 없고, 자신이 할 수 있는 일은 없다는 무력감에 시달리고 있었다. 연구진은 한 그룹의 사람들에게는 화분을 키워도 좋으나 식물을 돌보는 일은 전적으로 혼자 해야 한다고 말해주었고, 다른 그룹에게는 화분을 주면서 보호와 관리는 요양원 직원들이 맡을 거니 신경 쓰지 않아도 된다고 말했다.

얼마의 시간이 지난 후 실험에 참가한 사람들에게 자신의 인생에 얼마나 만족하는지를 묻는 설문조사를 했다. 결과는 정말 인상적이었는데, 화분 관리와 금붕어 키우기 등과 같은 정말 사소하지만 자신이 직접 상황을 통제하고 생산적인 일을 했던 그룹이 다른 그룹에 비해 훨씬 더 삶의 만족도가 높게 나왔다. 더욱 놀라운 점은 1년 반 뒤에 이 결정권을 가진 그룹의 사망률은 15퍼센트였던 반면, 다른 그룹은 30퍼센트에 달했다. 생산적인 일을 하지 않고 무료한 일상을 보냈던 사람들의 사망률이 두 배가 높았다는 것이다. [출처:《마음의 법칙》중]

한참 가정을 꾸리고 아이들을 키워내야 하는 3, 40대처럼 전투적으로 일할 필요는 없다. 적당한 기술들을 배워 나에게 맞는 품목들을 집중적으로 익혀서 용돈벌이 정도만 해도 괜찮을 것이다. 여기서 중요한 건 계속해서 배우고 생산적인 활동을 할 수 있음을 스스로 결정한다는 점이다. 사람이 죽기 전에 가장 후회하는 것은 '그때 왜 내가 그걸 했을까?'가 아니라 '그때 왜 나는 그걸 하지 않았을까?'라고 한다. 내가 87세쯤 되었을 때 64세를 되돌아보면, 그 젊고 건강했던 시기부터 왜 나는 스스로를 늙었다고 생각하며 시간 죽이기만 하고 있었을까를 후회하지 않을까. 아마 내게 주어진 삶이 20년에서 길게는 3, 40년이 남았다면 그 나이를 늙은 나이라고 생각할까.

방송인 박명수 씨는 '늦었다고 생각할 때가 진짜 늦은 것이다'라고 말했지만, 나는 오늘이 하루라도 빨리 내 삶을 의미 있는 삶으로 변화시킬 수 있는 가장 빠른 날이라고 생각한다. 나의 삶의 선택을 스스로가 통제함으로써 100세 시대에 발맞추어 나가는 건강하고 건설적인 새로운 노인들의 모습이 되어야 하지 않을까.

청소도 자격증이 필요하다고요?

최근 들어 공기업이나 대기업, 종합병원 등에서 미화원을 채용할 때 이 청소 자격증이 필수가 되고 있는 추세다. 보통 많은 사람들은 '청소에도 자격증이 필요한가?'라거나 '청소 자격증이란 것이 있나?'라고 생각할 것 같다. 현재 우리나라에서 이 '청소 자격증'을 발급해주는 기관은 5곳 정도다. 그중 하나가 우리 학원이다. 이름만 들어도 생소한 이 청소 자격증은 국비지원 규모의 학원 등에서 일정 교육을 받은 후에 응시자격이 주어진다. 청소 자격증은 국가 자격증이 없기 때문에 발급되는 자격증은 모두 민간 자격증이고 우리 학원에서는 한국직업능력개발원에서 발행된다.

내가 오너라면 청소원을 구할 때 어떤 부분을 보고 뽑을까? 예전에는 우대할 수 있는 부분이 경력밖에 없었을 듯하다. 하지만 청소일을 하려고 마음먹은 분들은 다른 일을 하다가 퇴직을 하거나 뒤늦게 나이 제한이 없는 일을 찾아 청소일을 선택하는 경우가 대부분이다.

이런 실정이다 보니 청소 경력자가 드물다. 청소는 근무현장(입주청소, 계단, 공장, 사무실, 병원, 마트, 백화점)에 따라 기술과 방법도 다양하기 때문에 상황에 맞게 천천히 배워 나가면 된다지만, 그래도 모든 일이 그렇듯 적지 않은 임금을 주고 아무나 뽑을 수는 없기 때문에 성실하고 책임감 있는 사람을 뽑기 위해서 요구되는 부분이 참 모호하다. 청소원을 뽑기 위한 지표가 될 만한 것이 없기 때문이다.

한국수자원공사에서 구인공고가 올라왔다. 연봉 3500~4000만 원 정도의 미화원을 뽑는 모집 공고였다. 언젠가부터 학원에 자격증을 따기 위해 수업을 들으려는 사람들의 문의가 오기 시작했다. 어차피 자격증 시대라 이런저런 자격증을 따두면 좋을 거라는 생각에 문의를 하는 줄 알았는데, 등록한 한 훈련생은 얼마 전 있었던 한국수자원공사 미화원 채용에 친구랑 같이 지원했다고 말하며, 친구는 울산이 거주지이고, 자기는 경주 쪽이라 지역주민 우대 가산점을 받을 수 있어서 당연히 붙을 줄 알았는데 결과는 자기만 떨어졌다는 것이다.

모든 조건이 똑같은 상황이었고 오히려 자신은 지역주민 가산점을 받았는데도 결과는 의외였다. 단지 그 친구와 달랐던 점은 그 친구가 우리 학원을 수료하고 청소 1급 자격증을 소지하고 있었던 것이었다.

한국수자원공사 채용은 수시로 이루어지기 때문에 이번에는 무조건 합격하리라는 굳은 포부를 가지고 학원 등록을 했다고 했고, 학원을 수료한 그 훈련생은 다음 채용에서 합격했다. 이제는 한국수자원공사 미화원 채용공고란에 '바닥세척, 연마 기술자에게 가산점을 준다'라고 표기되어 있고, 이 기술은 우리 학원의 청소마스터교육과정 안에 포함되어 있다.

한국수자원공사 말고도 큰 빌딩에서 미화원으로 일하다가 재계약을 앞둔 상황에서 청소 자격증을 소지한 사람 위주로 재계약이 이루어진다는 말을 듣고 급하게 학원 등록을 하러 오는 분들도 있다. 내가 모르는 사이에 종합병원이나 공기업, 대기업 등에서 자격증 소지자들을 우대하고 있는 것이다. 그런 소식이 들릴 때마다 얼마나 반가운지 모르겠다.

아마도 그들이 원하는 성실한 사람을 뽑기 위한 지표가 '청소 자격증'인 것 같다는 생각이 들었다. 마땅히 할 게 없어서,

아니면 청소는 아무나 할 수 있는 거라고 생각하고 지원하는 사람과 청소일을 하기 위해 미리 준비하고 교육받고 자격증 취득까지 마친 인력 중 누구를 뽑겠는가!

현장에서 창업을 하는 분들도 마찬가지다. 우리 학원에서 수료를 하고 둘이나 셋이 의기투합해서 창업을 하는 경우도 있고, 한 명이 창업을 해서 다른 수료생을 직원으로 채용해서 함께 일하는 경우도 있다.

영업을 할 때도 전 직원이 청소 1급 자격증 소지자라고 하면 청소 업계에서도 환영한다. 가끔 창업한 수료생들이나 현장에서 알고 지냈던 사장님들과 만날 때면, 점점 더 자격증의 중요성을 체감하게 된다.

이제는 고객들도 자격증 여부를 묻기도 한다. 현장에서는 늘 전문 청소원이 부족한 실정이다. 사장님들이 청소원을 구해 달라고 할 때 우리 학원 수료생들을 소개해주면 뭐가 달라도 다르다고 한다. 그만큼 학원을 수료하고 자격증을 따고 청소일에 관심과 열정도 있고, 기본기는 다 배우고, 책임감까지 갖추어진 전문 청소인력이 되어 있기 때문에 가능한 평가라고 생각한다.

이런 변화들이 나에게는 더할 나위 없이 반갑게 느껴진다. 늘 내가 바라왔던 변화였던 것이다. 청소는 아무나 하거나, 할

게 없어서 하거나, 누가 해도 다 시켜주는 직업이 아닌, 전문적으로 교육받고, 준비된 사람들이 할 수 있는 전문 직업이라는 시선의 변화. 조금씩 시작되고 있는 이 변화가 점점 더 확대되기를 고대하고, 청소업에 종사하는 분들 모두가 이런 변화를 체감하고 스스로 자신의 직업을 당당하고 자랑스럽게 여길 수 있는 날이 오길 진심으로 바란다.

에필로그

마음가짐

"첫 술에 배부르랴."

내가 일을 하기 시작할 때 가장 많이 떠올린 문장이다. 새로운 직업을 갖겠다고 마음먹었을 때, 그런 결심을 하게 된 원인 중 아주 큰 부분은 목표지점에 있는 누군가, 즉 워너비를 보았기 때문일지도 모르겠다.

나와 비슷한 시작점에 있는 사람들의 자리를 잡아가는 치열한 과정보다는 이미 그 분야에서 베테랑이 된 사람들의 안정적인 모습을 보면서 나도 저 사람처럼 잘 해내고 싶다, 혹은 나도 저 사람처럼 업체를 키워내고 돈을 많이 벌고 싶다는 생각으로 일을 시작하게 되는 사람들이 많을 것이다.

처음부터 잘하는 사람은 없다. 지금 내가 봤을 때 베테랑처럼 보이고 성공한 사람들도 당연히 서툰 시기가 있었다. 현재의 나와 비교했을 때는 비교불가일 정도로 대단해 보이겠지만 그들도 초보부터 현재의 모습이 되기까지 다른 사람들은 알 수 없는 인고의 시간을 지나왔을 것이다. 잘하고 있는 건지도 모르겠고, 잘못한 부분이 뭔지도 알 수 없었던, 막연하고 초조했던 시간들이 내게도 있었다.

늘 최선을 다하자고 다짐하지만, 그 최선이 과연 진정한 최선인지 나 스스로도 기준점이 모호하게 느껴질 때도 있는데, 생각지도 않게 일이 잘 풀리는 시기가 오면 '아, 그래도 내가 열심히 잘하고 있구나'라는 심리적인 안정감과 자긍심이 생긴다. 사업을 하고 학원을 운영하면서 나 또한 이런 시기를 여러 번 만났다. 어려서부터 나는 운이 좋은 사람이라 생각했지만, 사업을 시작하면서는 하는 일마다 꼬인다고 생각했던 적이 한두 번이 아니었다. 생각해보면 너무나도 당연한 과정이었는데 그땐 정말 힘들었던 시기여서 그만두고 싶기도 했다. 그래도 그동안 쌓인 시간들이 아까워 견디자고 마음먹고 버텼던 것 같다. 그러면서 육체보다 중요한 것이 정신력이라는 것도 그때 알게 되었다.

'줄탁동시(啐啄同時)'란 사자성어가 있다.

병아리가 알에서 깨어나기 위해서는 어미 닭이 밖에서 쪼고 병아리가 안에서 쪼며 서로 도와야 일이 순조롭게 완성됨을 의미하는 것처럼 같은 알이라도 태어나기 위해 알 안에서 꿈틀거려야 어미닭이 알아보고 준비된 알부터 쪼아주는 것이다.

우리 주변에 있는 운들이 나를 알아보고 내게 힘을 실어주고, 그 운을 탈 수 있게 만드는 힘, 그건 바로 꾸준한 성실함과 추진력이 아닐까.

식상할지도 모르지만, '위기가 기회다'라는 말을 나 또한 믿는다. 힘든 상황에서도 분명 다른 문은 열려 있기 마련이고, 아픈 과거를 곱씹기보다 나를 향해 열려 있는 다른 문을 보려는 마음가짐만 있으면 어떤 상황도 이겨낼 수 있을 거라고 생각한다.

> 행복의 한쪽 문이 닫히면 다른 쪽 문이 꼭 열린다. 그러나 우리는 흔히 닫힌 문은 너무 오랫동안 바라보면서 우리를 위해 열려 있는 문은 보지 못한다. - 헬렌켈러